何以信誉楼

四十年耕耘
（1984—2024）

—

戚德志　著

机械工业出版社
CHINA MACHINE PRESS

面对百年未有的世界之变、时代之变、历史之变，信誉楼何以穿越经济周期、行业周期、企业周期，走出一条平滑的上升曲线？本书基于百余人次的访谈、大量的材料研究，揭示了信誉楼的发展秘密。本书不仅描述了信誉楼 40 年的发展史，还总结出了信誉楼商业活动的底层逻辑。本书最终得出结论，以信誉为本、诚信经营的信誉楼，做的固然是商业，但实际上展现的却是一个关于人性的故事，让我们看到了商业世界中的人性力量。

图书在版编目（CIP）数据

何以信誉楼：四十年耕耘：1984—2024 / 戚德志著 . —北京：机械工业出版社，2024.5
（2024.11 重印）

ISBN 978-7-111-75524-1

Ⅰ . ①何… Ⅱ . ①戚… Ⅲ . ①商场 – 商业企业管理 – 经验 – 中国 – 现代 Ⅳ . ① F722.2

中国国家版本馆 CIP 数据核字（2024）第 068286 号

机械工业出版社（北京市百万庄大街 22 号 邮政编码 100037）
策划编辑：孟宪勐 责任编辑：孟宪勐 高珊珊
责任校对：闫玥红 张亚楠 责任印制：刘 媛
涿州市京南印刷厂印刷
2024 年 11 月第 1 版第 4 次印刷
170mm×230mm · 16.5 印张 · 1 插页 · 190 千字
标准书号：ISBN 978-7-111-75524-1
定价：79.00 元

电话服务 网络服务
客服电话：010-88361066 机 工 官 网：www.cmpbook.com
010-88379833 机 工 官 博：weibo.com/cmp1952
010-68326294 金 书 网：www.golden-book.com
封底无防伪标均为盗版 机工教育服务网：www.cmpedu.com

献　给

信誉楼百货创始人
切实为他人着想的企业文化缔造者

张洪瑞先生

（1946 年 4 月 14 日—2023 年 10 月 7 日）

目录 ▶ CONTENTS

第三部分 | **精神谱系**
40 年的"变与不变"

一部心灵史

在河北沧州黄骅市信誉楼大街上，有一块黄骅市文明办发布的公益广告牌，上面写着八个大字——无诚不行、无信不立。

仿佛一个绝妙的隐喻，矗立在信誉楼大街上的"诚""信"，恰是历经40年耕耘的信誉楼的精神起点。

1984年，信誉楼从新华路上一家营业面积280平方米、员工30人的"小卖场"起步。40年后的今天，信誉楼已拥有43家门店，总建筑面积120万平方米，员工约4万人。在多种不利因素交织的2021年、2022年，销售仍保持正增长，2023年销售额达到236.27亿元，同比增长18.09%。

面对百年未有的世界之变、时代之变、历史之变，信誉楼何以穿越经济周期、行业周期、企业周期，走出一条平滑的上升曲线？在历时近一年访谈百余人次、研究大量材料之后，我们发现，信誉楼的所有秘密，都明明白白地写在它的名字里。

从表面来看，人们到信誉楼消费，只是买与卖的交易行为。但如何买卖、为什么买卖，以及买卖之后怎样，背后更深层的逻辑，乃是人与人之间的关系。

正是在这个意义上，以信誉为本、诚信经营的信誉楼，做的固然是商业，但实际上展现的，是一个关于人性的故事，让我们看到了商业世界中的人性力量。

一群平凡的信誉楼人，让这个世界感受到独特的温度与力量。其基因与原点，来自以真实自然、简单有效为活法的创始人——张洪瑞。

在信誉楼，人们起初称呼张洪瑞为"经理"，后来则叫他"老董事长"。他把自己的世界观、人生观、价值观，投射到了企业组织之中。正如他在2006年北京大学光华管理学院MBA（Master of Business Administration，工商管理硕士）班的演讲中所说："信誉楼为什么是这样的，我想主要是我的人生观使然。信誉楼的核心价值观，是在我的人生观基础上派生和发展来的。"

让商业成为一种疗愈与滋养。信誉楼的40年耕耘，与其说是一部商业史，不如说是一部心灵史。

那么，信誉楼是如何做到的？这本书，或许能够提供一些解读的视角。

现象："百强企业中绝无仅有的长跑冠军"

中国的零售百货行业，已经发展了超过100年。

早在1900年，沙俄资本家在哈尔滨开设秋林公司，中国境内第一家百货商场横空出世。新中国成立之后到1957年，供销合作社形成了上下连接、纵横交错的全国性流通网络，成为满足人们生产生活需要、进行商品流通的主要渠道。一直到改革开放之前，我国的零售业是以国有大型百货为主体的单一业态。传统百货是零售 1.0 时代的典型产物。

20 世纪 80 年代中期，"超级市场"的零售业态被引入中国。1991 年，上海联华超市的创办，标志着我国零售业进入了新的发展时期。自 1992 年允许外资零售企业进入中国零售领域后，我国形成了百货、超市、便利店、专卖店等多种业态并存的格局。创办于 1984 年的信誉楼，是专卖店与现代百货并存的零售 2.0 时代的其中一员。

电商与移动支付将中国零售业带入 3.0 时代。2003 年淘宝成立，中国进入电子商务时代。2011 年 5 月 26 日，支付宝拿到了"第一张支付牌照"。从那之后，网上订货、电子支付、送货到家等移动化与无钞化活动，逐渐成为很多消费者的日常。

零售 3.0 时代，一个事关无数零售企业生死存亡的重要话题，便是线上零售与线下零售的战争。第一场"巅峰之战"，发生在 2012 年。当年的"CCTV 中国经济年度人物"颁奖典礼现场，作为线下零售代表人物的王健林，与作为线上零售代表人物的马云，进行了一场豪赌："10 年后，如果电商在中国零售市场份额占到 50%，我给他一个亿；如果没到，他给我一个亿。"

赌局的走势，没有太多意外，随后几年，线下零售步入寒冬，外资巨头家乐福持续亏损，本土零售陷入了"开店还是不开店""合作还是不合作"的焦灼。最悲情的时刻之一，发生在 2017 年 11 月，作为线下零售巨头之一的大润发，被线上巨头阿里巴巴收购，整个行业流传着大润发创始人黄明端那句真伪难辨的话——"输给了时代"。

2019 年，当一直被零售业视为标杆的家乐福中国，以 48 亿元将 80% 的股份出售给苏宁易购时，人们不再对消息本身感到惊讶，而是意外地发现，这家位居中国超市／便利店连锁百强前 10 的知名企业，已经资不抵债了：2017 年和 2018 年，家乐福中国分别净亏损 10.99 亿元和 5.78 亿元。

但正如那句古老的中国谚语传递的对事物发展规律的认知那样，物极必反。这个规律，既适用于线下零售，也适用于线上零售。事实证明，轻视一个已经存在了百年之久的行业，可能有点太短视了。

至迟不晚于 2017 年，以"新零售"等概念的提出为标志，中国零售业进入以"融合＋体验"为特征的 4.0 时代。线上零售发现，重资产、多场景、强体验的线下零售，远非自己力所能及，它们悄悄地把自己的口号，从"赋能线下"转换为"助力线下"。而线下零售也发现，即时反馈、海量触达、超高周转的线上零售，可以有效提升自身效率，它们的态度，也从当初的视线上零售若洪水猛兽转为如今的敞开胸怀热情拥抱。线上线下一体化，成为这个阶段的明显潮流。

作为中国零售业的一员，信誉楼必然身处不同的发展阶段之中，但神奇的是，信誉楼在某种程度上承受住了不同发展阶段种种不利因素的冲击。这一点，从开店节奏和营业收入的变化上，可见一斑。

2001 年，信誉楼第一家分店青县店开业，从那之后，信誉楼的发展步伐异常稳健——2003 年 1 家分店、2005 年 1 家、2007 年 1 家、2008 年 2 家、2009 年 1 家、2010 年 1 家、2011 年 4 家、2012 年 2 家、2013 年 1 家、2014 年 2 家、2015 年 2 家、2016 年 5 家、2017 年 4 家、2018 年 4 家、2019 年 2 家、2020 年 3 家、2021 年 2 家、2022 年 3 家。

22 年间，信誉楼总共开了 42 家分店，平均每年接近 2 家新店。这 22 年，是中国加入世界贸易组织（WTO）之后经济快速发展的 22 年，是多家零售企业跑马圈地快速发展的 22 年。不急不躁、稳健前行的信誉楼，表现出了与众不同的独特气质。

比开店步伐还要稳健的，是信誉楼的营收增长。以线下零售遭遇电商冲击、百货和大卖场式微、社区团购分流等一系列变故最为剧烈的 2012 年为起点，信誉楼销售收入连续多年保持两位数增长，从 2012 年的 42 亿元增长到 2019 年的 151.5 亿元（2012 年为 42 亿元，2013 年为 48.1 亿元，2014 年为 64 亿元，2015 年为 72.2 亿元，2016 年为 80.5 亿元，2017 年为 116 亿元，2018 年为 128 亿元，2019 年为 151.5 亿元），中国连锁百强排名从 2012 年的第 84 位逐年攀升至 2019 年的第 44 位，被曾任中国连锁经营协会会长的裴亮赞为"百强企业中绝无仅有的长跑冠军"。

新冠疫情沉重打击了线下零售，而恰恰是在这三年，信誉楼继续表现出强大的韧性与活力。2020 年营业收入 181.2 亿元，增速 19.60%；2021 年营业收入 202.6 亿元，增速 11.81%；2022 年在多家门店因新冠疫情长时间闭店的情况下，营业收入仍然突破 200 亿元，纳税总额超 9 亿元。

2022 年，信誉楼在中国连锁经营协会调查统计的"中国连锁 TOP100"中的最新排名是第 32 位，比上一年提升 1 位，连续三年跻身中国连锁 40 强。

"长跑冠军"仍然在按照自己的节奏，行走在基业长青的道路上。

体验：信誉楼的"商品"与"服务"

俗话说，百闻不如一见。现实生活中的信誉楼，到底是什么样子的？

在信誉楼的 43 家门店中，我们实地走访、调研过河北黄骅店、山东淄博桓台店、河北石家庄藁城店、河北沧州文庙店、河北衡水店、河北保定店、天津北辰店、河北黄骅旗舰店、河北沧州朝阳店 9 家门店，切身体验了信誉楼的"商品"与"服务"。

在山东淄博桓台店的信誉楼超市，光是花生就有近 20 种，从椒盐、水煮等不同做法，到云南七彩野地花生等不同品种，印证了"经营信条"中所说的"经商，商品是第一位的"。开辟新的进货渠道、引进新商品是信誉楼永久的首要任务。

河北沧州文庙店的信誉楼超市，有一年只卖10天的蟠桃、脆脆甜甜的冬枣、软软糯糯的山药蛋串串……这些时令水果和小食，带有浓郁的当地风味。不同的门店都"先行半步天地宽"，坚持迎季进货，开发潜在市场，掌握经营主动权。

在天津北辰店的信誉楼超市，羊肉片、鸡蛋、小米等食品备受青睐，当地消费者为信誉楼打上的是"放心""安全"等标签。

多年以来，坚持进销一体、柜组自营的做法，是信誉楼的经营特色，也是信誉楼区别于绝大多数中国零售百货企业的重要特点。

不搞代销，既能降低进价，让顾客得到实惠，多销多进，实现良性循环，又能让信誉楼的干部得到锻炼，掌握驾驭市场的真本领。

严把进货质量关，做好售前、售中检查，不让有质量问题的商品出柜台。

合理定价，抗拒高利诱惑；明码实价，接受顾客监督；不赚昧心钱，真正做到货真价实。

有问题的商品及时处理，保持库存结构合理。

这就是信誉楼。坦白地说，信誉楼商品中的绝大多数，都可以在其他地方看到或者买到。但信誉楼独特的企业文化和价值观——具备鲜明信誉楼风格的"视客为友"服务，为这些商品提供了一种无形的高附加值。

商品与服务，于信誉楼而言，是一枚硬币的两面，缺一不可。在服务方面，信誉楼强调一个"诚"字。

"视客为友"是信誉楼的服务理念。售中环节，信誉楼会诚心诚意地为顾客着想，做顾客的好参谋，为顾客提供解决问题的方案：善待每一位顾客，尤其是不买商品的顾客；尊重顾客意愿，不强行推销，给顾客营造一个轻松的购物环境；对在信誉楼未购到所需商品的顾客表示歉意，并指明去处。

在售后环节，信誉楼开业之初就推出五试一退制度：自行车试骑三天；洗衣机试用七天；电视机允许试看半个月；收音机、录音机试听五天；各种日用化妆品可以当面试用；凡信誉楼经营的商品，属于有质量问题的，都可凭发货票退换。这一服务后来被完善为三包措施，在信誉楼的每一个柜台以及每一家门店，都可以看到清晰的三包服务提示和标识。

可能没有哪一家零售百货企业，会像信誉楼那样，把退换货接待处尽量放在最显眼的位置，并设置醒目的导航路牌。因为信誉楼真诚地相信，三包措施是对信誉楼自身工作过失的补救。

"顾客退换货无非两种原因。一是所购商品不称心。应认识到这是由于我们没有给顾客当好参谋所致，所以，我们应真诚地道一声'对不起……'。二是商品有质量问题。我们的过失已经给顾客造成了麻烦和心理伤害，我们应从内心感到愧疚，除表示歉意外，还应给顾客应有的补偿。"

2015 年 6 月，在参加河北卫视金牌栏目《中华好家风》时，张洪瑞被主持人问到，有没有统计信誉楼成立以来退换货多少次、多少金额？他用浓重的黄骅口音回答："我们从来没有记录过。"主持人追问，为什么不统计？张洪瑞真诚地说："他都退换了，说明我们的商品不适合他，已经给他添麻烦了，退换货是对我们工作过失的补救，而不是我们对社会做出的贡献。"

基于这样的认知，"经营信条"明确强调："我们的工资、奖金是顾客给的，企业的积累是顾客给的，我们没有任何理由去指责、挑剔顾客。我们只有把对的一面让给顾客，让顾客在信誉楼得到全方位的满足，才会有越来越多的顾客光顾信誉楼。"

以走访、调研所见，信誉楼的不同门店，即便是在工作日的工作时间，其客流量都显著高于北京、上海等一线城市零售百货企业的周末客流量。

这固然有北京、上海等地的人均商业面积远高于沧州、淄博等地，消费者被分流等客观原因，但随机采访的数十位消费者，无一例外都表达了对信誉楼的忠诚，一个最有代表性的说法是："几天不来信誉楼逛逛，感觉就像少了点什么似的。"

当逛信誉楼成为消费者日常生活的一部分，并且是不可或缺的一部分时，最终的结果自然而然。

信誉楼以第一位的"商品"和视客为友的"服务"，赢得了广大消费者的信任和青睐。

本质：物与物的关系背后，是人与人的关系

信誉楼的"商品"优质平价，但绝不是仅此一家的，顾客能在信誉楼买到的"商品"，也完全有机会在其他地方买到；信誉楼的"服务"提倡"视客为友"，但以服务著称的零售百货企业，也大有人在。

那么，忠诚的消费者为什么会选择信誉楼？

在信誉楼《小故事选编》中，有一个"长把勺"的故事。

有人问上帝，天堂与地狱究竟有什么不同？上帝便带他来到地狱：地狱里的人正在吃饭，一群人围着一桌子美味佳肴，却个个饿得面黄肌瘦，痛苦不堪。原来他们每个人手里的勺把都很长，他们都尽力往自己嘴里送，却怎么也送不到嘴里。上帝又把这个人带到天堂，天堂里的人同样用长把勺子吃饭，但他们双双结伴，每个人都把自己勺子里的东西往别人口里送，他们一个个神情欢愉、健康丰满，整个天堂充满友爱和温馨。上帝说："天堂与地狱其实就这一点点区别。"那人顿悟，地狱只比天堂少了一样东西——爱。

"长把勺是一种量具,能准确计量各种各样劳动产品所包含的平均社会劳动量。每个人正是运用这把由社会提供的有计量功能的长把勺,经过别人的手,从锅里打出与自己投入锅内相等的社会劳动量的劳动产品,返还给自己。"

曾任河北大学经济学院副教授的董湘岩认为,"长把勺"的故事,充满了象征意味。

"在商品经济时代,社会功能、社会手段、社会形式,构成了长把勺。只有通过这些长把勺,美味佳肴才能到你嘴里去;离开这些长把勺,想自己把盘子里的美味佳肴拿过来就吃,却根本吃不了。不可以脱离长把勺这一中介去寻求直接的办法,这是商品经济时代不以个人意志为转移的社会规律。"

董湘岩认为,老董事长之所以推崇这个故事,是因为他和信誉楼的员工都知道,信誉楼就是做长把勺的,商业是长把勺的一种表现形式。

"既然存在这种社会化的机制,那就不能只考虑自身利益,而必须千方百计搞好同利益相关者的关系,那就必然得为他人着想。如果只想着自己,那是吃不到美味佳肴的,最终只能被饿死。而为他人着想,既让自己吃到了美味佳肴,又让他人吃到了美味佳肴,大家都活得很好。如此,信誉楼的长把勺作用才能真正得到发挥。"

董湘岩 30 多年观察、感受到的,正是信誉楼的核心价值观:"追求价值最大化,而不是利润最大化。在维护自己根本利益的同时,切实为所有利益相关者着想。"

在信誉楼《理念集锦》中,对核心价值观还有如下阐释:"利益相关者主要包括员工、消费者、供应商、商界同仁、周边住户、各界朋友。""重复博弈实验表明,最大的赢家是那些从一开始就为他人着想的人。"

张洪瑞如此袒露自己的心路历程:"信誉楼的核心价值观,是在我的人生观基础上派生和发展来的。因为我知道，只有切实为所有利益相关者着想，才能为企业创造一个和谐的环境，企业才能生存与发展。"

现在可以回答前面的问题了，消费者为什么会对信誉楼忠诚？因为忠诚就像"爱"：它并非源自理性，而是源自内心，源自物与物背后人与人的关系。

溯源：4 万名追求成功人生的信誉楼人

消费者的忠诚来自信誉楼人的将心比心，4 万名信誉楼人的忠诚又来自哪里呢？来自信誉楼的核心能力。

核心能力是一种内在的、无形的、本源性的东西，是企业与企业之间最重要的差异，也是优势所在，是企业立于不败之地的核心要素。它具备两个特点：不易复制、很难模仿。

信誉楼的核心能力是"不依靠'能人'，拥有能够源源不断地造就具有团队精神人才的文化、组织和制度"。具体来说，就是以人为本的企业文化、教学型组织和人力资本股权化的制度。

信誉楼具备这样的核心能力，是因为信誉楼的企业使命，同样也是张洪瑞创办企业的初衷，不是为了赚钱发财，而是"让员工体现自身价值，享有成功人生"。

在企业愿景中，信誉楼明确将员工列在第一位："员工健康快乐；企业健康长寿。在不断夯实基础、把握规律、顺其自然、留有余地的原则下，采用裂变模式发展——也许，成为世界知名的基业长青企业。"

张洪瑞说："有的人创业是想赚钱，通过赚钱体现自身价值，而我做企业就是想干成点儿事。做事和赚钱有很大差别。为了赚钱的企业，把员工的各种待遇都纳入成本；为了做事的，则将其纳入投资范畴。纳入成本的人总想削减成本，但是作为投资就舍得了。所以，信誉楼在对待员工方面比其他企业做得要好。"

"我刚干信誉楼就明白这个关系了——不是顾客第一，是员工第一。人是第一要素。一切为员工着想，一切从员工的根本利益出发，员工就会愉快地干好工作。形成这样的核心能力，企业就会立于不败之地。当然，我们提高核心能力，不图打败别人，但求不败。"

张洪瑞想象中的企业的未来是这样的："人与人之间都很和谐，工作尽职尽责，轻松愉快，对收入满意，感觉幸福；企业没难题。"他认为，最多20年，也许更短，企业就能达到这个程度。这份自信基于对自我的认知和对规律的把握。

因为信誉楼与员工共享经营成果，企业利润除用于发展之外，都合理地分配给员工了，各层面的收入在国内同行业中具备足够竞争力。现在，经营管理模式越来越完善，企业各方面也都有余地了，下一步就考虑向培训方面倾斜力度。通过建设教学型组织，干部和员工的知识水平、素养、能力不断提升，大家能够轻松愉快地干好工作。大家干劲越大，企业经营水平就越高，经营效果就越好。

随着企业知名度、美誉度提高，集团优势将更加明显，许多年轻人会争着要进来，企业选择留用的人员素质则会更高。这又形成一个良性循环。等干到那个程度，认同信誉楼价值观、更高层次的优秀人才就会被吸引进来，把企业带到一个更高的水平。到那时，信誉楼在中国将出类拔萃。

学习是信誉楼的长项，把进入中国的国外优秀零售企业当作榜样，跟它学，追它，能让自己得到提升。竞争伙伴水平越高，信誉楼进步越快。

张洪瑞说："咱一边探索，一边前进。但是宁要第一，不要最好。信誉楼作为一个企业，必然会存在各种问题，但是没有难题。存在问题，说明咱潜力还很大，（能）在改进中不断提升；要是没有问题了，企业就会发展缓慢、停滞不前，因为它已经走到了极限。我们追求的不是尽善尽美，而是生机勃勃，健康长寿。"

信誉楼人追求的，不是多大成就，而是成功人生。在信誉楼《追求成功人生》中，是这样区分"成就"与"成功"的：

成就，说直观一些就是指能挣很多钱，能有一定的职位和地位，在工作中取得成绩等。成就有大小，可以量化。

成功，我们可以理解成一种幸福和快乐的感觉。它可以不受金钱、职务、地位的影响。

由此来看，"成就"和"成功"是有区别的，"成就"并不等于"成功"。可社会上很多人把"成功"和"成就"混为一谈，认为追求成功就一定得取得大成就。人们通常习惯用成就的大小来衡量成功的程度，认为成就越大越成功。这种观念造成了很多人明明生活工作得不错，却不快乐、不满足，为自己无法拥有令人称道的成就而苦闷失落。

而信誉楼人是幸运的，也是幸福的。在生活中享受快乐，在工作中立足本职，做出色的自己，生活愉快，自身价值也得到充分体现，这就是信誉楼人追求的成功人生。

当所做的事有益于自己，是自己喜欢的，并且自己能从中获得相应的回报，收获快乐和满足，同时又有益于社会，能为社会创造价值，为别人带来幸福时，将心比心，换作你是这家企业的员工，怎会对这样的企业不忠诚？

归因：老董事长的活法，是信誉楼的基因

问渠那得清如许？为有源头活水来。

核心价值观决定了信誉楼的核心能力，这些核心能力又赢得了忠诚的员工。而信誉楼的核心价值观，是在张洪瑞的人生观基础上派生和发展来的。

那么，张洪瑞的世界观、人生观、价值观又是怎样的？

"很多人不清楚自己的人生观，所以，造成人生观和价值观冲突。有的人一生都在苦苦地追求，可是追求到手以后，却发现这并不是自己所需要的。社会上有许多人事业有成，但把身体搞垮了，（导致自己）痛苦、后悔。试问，这难道是他们干一番事业的初衷吗？……我的人生观是什么呢？'人生的全部不都是工作，工作是为了更好地生活。'我追求的是生活质量（成功人生），而不是名利。"

张洪瑞认为，一个人最要紧的，是要确立自己的人生观，因为人生观决定了价值观。他"在维护自己根本利益的同时，切实为他人着想"的价值观，正是建立在"追求生活质量（成功人生），而不是名利"的人生观基础之上的。一直挂在张洪瑞办公室里的那幅"敬天、益人、悦己"，是他人生观和价值观的凝练概括与精准表达。

而如果只用一个字表述他的人生观和价值观，那会是什么呢？

一位下属曾经跟他探讨，信誉楼最大的优势是什么。张洪瑞说："要是用一个字来表述的话——'真'。说的话都是真的，没有虚的。理念真、制度真，真信真做。当领导的真，下面（的人）就容易真。'真'的人很轻松。"

信誉楼的理念、制度就是张洪瑞人生观、价值观的真实体现，他怎么想的怎么说、怎么说的怎么做，凡是他倡导的、要求的，他自己首先做到了。

"真"，是老董事长的活法，也是信誉楼的基因，更是40年精神谱系的原点。这个字，看似简单，实则厚重。说它简单，是因为它只有两个字节；说它厚重，是因为它值得我们用一本书为您细细道来。

第一部分

真

老董事长的"活法"

01

真实是企业家人格精神的基础，只有真实的价值观和世界观，才能使企业家获得真正的内心满足和自我实现。只有真实的理想和企业的融合，企业家才能够心胸坦荡、宽容待人。

——信誉楼《读书摘抄》

真实
生命底色

第一章

1946 年 4 月 14 日，张洪瑞出生于河北省沧州市黄骅市黄骅镇楼西村，是地地道道的农民出身。他的父亲乐观、善良、热心肠，会裁缝手艺。母亲勤俭、正直、透亮。

张洪瑞在家里是老大，下面有两个弟弟、三个妹妹。不到 1 周岁的时候，张洪瑞跟随父母到了天津；7 岁（6 周岁）时，回到出生地黄骅上小学；16 岁中学毕业，因为家庭的需要，没有参加中考就回家务农，干过小工，学过裁缝；19 岁到煤建公司当临时工；21 岁到南大港肉组当会计，也学会了杀猪；23 岁被迫回到村里，3 年之后做生产队队长兼业务员，前后共 12 年；39 岁开始创办信誉楼。

17 岁时，他在建筑队当小工，给师傅供泥、供砖，每次都供得足足的。师傅背后评价："张洪瑞跟了我半个月，没用我多说一句话！"

19 岁时，张洪瑞有了个机会到煤建公司当临时工，做现场保管员，主要负责看煤堆、卖煤、过磅。他主动跟着卸车、装车，利利索索；车走之后，把底子打扫得干干净净。他让母亲缝了个袜筒子绷在鞋上，能少进些煤灰，就这样每天跟搬运工一起忙活。邻居家的表姑来买煤，过完磅装好了，正赶上下班时间，他乐呵呵地帮表姑把煤背回家去。

根治海河期间，挑$^{\ominus}$黑龙港河，煤建公司设了几个煤点，供应海河伙房。张洪瑞当时 20 岁，带领两个小伙子，负责扣村的煤点。由于工作出色，他被评为"海河后勤战线的一面红旗"。

在生产队当会计、队长的 12 年间，张洪瑞也是事事用心、主动工作，带领楼西二队干出了花，产量高、工值高，社员们心齐、铆足了劲干，他多次在全县四级干部大会上受表彰、讲经验……

也正因如此，1983 年生产队解体之后，县里鼓励农民进城经商，县领导第一个便想到了张洪瑞。

这才有了信誉楼，有了这个让数万员工拥有一份安稳工作、体现人生价值、过上有品质生活的优秀企业，有了被专家和学者称为"从中国泥土中升起的世界商业标杆"。

张洪瑞认为自己并不聪明，甚至某些方面反应迟顿。比如刚上小学时，他写数字"8"就是合不上口，经过反复琢磨，练了好多遍才写规范了，自己特别欢喜。从四年级开始，因为班主任的不断提问，他开始用心学习，也形成了自己的一套学习方法。

在张洪瑞身上，几乎可以看到上千年农耕传统汇集的美德：生性积极乐观；与土地和周围的环境保持着最深切的关联；干一行爱一行，不管干什么，都尽心尽力……

就像张洪瑞自己讲的，"在肉组当会计，懂了账务；当生产队队长，学

　$\ominus$　挑河，即清理河道，挖除淤泥。

会了用人"。干信誉楼，那些都是基础。多干了就是多赚了，这个道理谁理解得深，谁就受益大。

张洪瑞的世界观、人生观、价值观，到 23 岁基本成型。

此前 4 年，他在煤建公司、南大港肉组当临时工期间，干了多个工种，都非常出色，深受领导器重。其间他阅读了大量书籍，尤其是毛泽东主席的著作，逐句对照，学习实践。他将雷锋、欧阳海这些时代楷模作为榜样，生活艰苦朴素，工作任劳任怨，"把有限的青春，投入到无限的为人民服务之中去"。

但是，这也遭到个别人的误解和非议，说他主动帮民工是"显能耐"，工作太积极是"出风头"。张洪瑞一度很苦恼，随之又经历了环境的复杂多变……

23 岁那年，张洪瑞被强行安排回村里种地。多年的知识积累和生活历练，让他明辨是非的能力越来越强，对于自然法则、规律、活法，有着更深的思考、体验，以"真"为内核的三观，逐渐清晰。

真，既是张洪瑞作为大地之子的出身，也是他为人处世的原则，更是他的最初一念之本心。

以真实为人生底色，可以安然自得，得其所愿，所以他的生命状态始终是潇洒自在、轻松快乐的。

为人：遵从自己的内心

"崇尚真实、自然，追求简单、有效"是信誉楼的风格，是创始人张洪瑞的生命状态，也是信誉楼生机勃勃，干部和员工活得更为本真、踏实、透亮、幸福的深层次原因。

朋友们对张洪瑞的由衷评价是：至真至简，坦诚相待，令人敬重，让人舒服。下属们对老董事长的肺腑之言是：真实、自然、坚定、从容，令人信服，甘愿追随。

他随时随地用自己喜欢的方式享受生活。

有人可能疑惑，做企业那么忙，哪有时间享受生活？在张洪瑞看来，会享受是一种能力，只要对生命充满了热爱，对生活饱含激情，内心是阳光、愉悦的，那么不管在什么样的境遇下，随时随地都能怡然自得，都可以享受生活。

张洪瑞热爱大自然，喜欢绿色，喜欢花草树木的千姿百态、勃勃生机。有一年冬天在海南万宁，一行人乘车去户外看景，目的地是咖啡谷，但转了好几圈就是找不着，大家七嘴八舌，有些着急。张洪瑞说："慢点开，两边的风景多好！以前我出差，堵车了，公路过不去，司机就岔进下边的土道上去了。两边都是庄稼，美得我呀！要是不堵车哪能看见这样的景！"

因为太喜欢绿色，绿色就成为企业的基本色、代表色：《信誉楼人》封面上的小草，他派人专门到坝上的御道口拍过；员工的绿色工服虽不时尚、雅致，但看上去朴素、亲切、朝气蓬勃，也成为信誉楼文化的一个特色。

张洪瑞最大的爱好就是旅游。1987年，企业条件还很差的时候，他就带着员工去北京旅游，带了一袋子块装方便面和一点儿烧饼、咸菜。由于没钱住旅馆，一位在北京做工程的员工的爸爸，给他们提供了两个建筑工人的工棚。铺着凉席，大伙睡醒了以后身上都是"方格"。就是那样的条件，大家也玩得不亦乐乎。节省了吃住的费用，该去的景点都去了。

这些年，张洪瑞带着开业元老们游玩了许多地方。国外，选朝鲜、俄罗斯等，景好、价低；国内，选风景好的，享受青山绿水，畅快淋漓。

张洪瑞从小就好吃，爱捣鼓美食，是个名副其实的美食家。那一年上大山挑宣惠河，他当排长，正赶上流行甲脑，上边广播号召多吃蒜，但也没人带头响应。在他们这个排，他主动收集了大家的钱，买了香油、蒜，从伙房领来咸菜，把蒜切碎了放在咸菜里，用香油拌。他说，真香啊！那就是神仙过的日子！

张洪瑞年轻的时候，因为厨艺好，经常出去给人家帮忙做菜，而且还自带食材。既搭上功夫又搭上料，图什么呢？他说："愉悦呀！别人吃着香，我愉悦；别人夸我，我更愉悦！"

直到现在，他还是很喜欢吃传统口味的烩饼、尜尜（gá，黄骅市的一种特色面食）就老咸菜。在他看来，是否美味、愉悦，跟茶饭的贵贱毫无关系，吃的是一种心境、一种感受，只要你珍惜这一餐饭，它就是一次极美的享受。

他不为物役，该花就花，能省就省。

张洪瑞喜欢简单的生活，自己舒服自在就好，不在意别人的评价。

他不稀罕贵重物品，不喜欢摆件，却稀罕干活时用的工具。40多年前根治海河用的那辆小车，到现在还老想着它。

曾经有人送过他一个价值不菲的古董瓶，他转身就给一个爱收藏的好友送去了。骑着自行车，后座上带个铁丝筐，他把瓶子放在里面，也没垫点儿东西。听见响声，朋友赶紧从屋里出来看。虽然瓶子没破，但把朋友心疼得够呛。收到其他贵重物件，他都不存，有合适的主儿转手就送了。

张洪瑞反对浪费，但不是为了节俭而节俭。他倡导的消费观念是"该花就花，能省就省"。

从种地到干企业的很长一段时间里，一辆加重自行车是张洪瑞的主要出行工具。每次就放到门外面，有人顺手骑了办事去，丢了几次又都给送回来了。最后一次被人弄走时，他知道这次是真没了，因为刚换了两条新车胎。之后他就买了一辆二手的轻便自行车。有人问他，怎么老骑破车子，他说"我骑的车子不破，只能说旧，各个零件都非常好用。不买新车子，省得伺候它"。

曾经有个柜组主任，一直开着水龙头洗衣服被他看到了，他提醒之后仍不改正，随即被免职。虽然当时新商厦刚开业正缺人手，可张洪瑞觉得，"不爱惜资源是品质问题，不能迁就！"

一次，张洪瑞和下属出差。吃饭时，找了家小店，点了几个菜。快吃饱了，还有两个菜没上来，他告诉店家："钱照付，菜别上了！"店家十分吃惊，竟然还有不吃菜白给钱的客人！张洪瑞认为，菜上来吃不了是一种浪费，不如留给店家。这不是钱的问题，而是要让菜实现它应有的价值。

他一直说，人要明白自己想要的到底是什么，我们所做的一切都是为了提高生活的质量。

"能省就省"是一种本色的朴素，一种优雅的自信之美；而"该花就花"则是一种智慧的选择，让人清楚地知道自己真正的需求和价值所在。

他拥有一颗平常心，喜欢轻松快乐，不勉强自己，更不争强好胜。

信誉楼创业初期，由于不懂经营，出现了诸多问题。于是社会上就有人说"信誉楼，信誉楼，三年以后扒砖头"。

大家听了很气愤，可张洪瑞的反应截然相反："咱知道自己是外行不会干，人家能看出问题来，说明人家懂行。通过跟我说的那个人往上捯，最后找着了说这句话的，好像是在黄骅科委，我就拜访他去了。"

在录制《中华好家风》节目的时候，主持人问了一大串问题。张洪瑞略一沉吟，说："哪有那么复杂呀！"回来后大家都称赞他这句答得好，水平高。

他笑着说："实际上，我是无话可说，没接上。"

信誉楼诚信文化研究会的胡中俊撰写了《和老董事长座谈系列合集》，有两三年的时间一直跟随在张洪瑞身边。有一次，胡中俊问他："开业六年不盈利，大家有没有给您压力？"

"我没有感觉他们给我压力。大家对我是信任甚至盲从。"

"您自己有压力吗？"

"也没有。因为没干过，开始不懂，在干的过程中慢慢地懂了。而且我相信我能干好。跟大学生座谈，他们问'六年没盈利，您那时候怎么来的信心？'我说很简单，'盲人算卦——后来好'啊！第一年没盈利，我想是应该的。因为咱没干过，一点儿经验都没有。通过这一年慢慢地开始入门。那会儿就想，今年不行明年行，明年不行后年行。"

随时随地用自己喜欢的方式享受生活；不为物役，该花就花，能省就省；拥有一颗平常心，喜欢轻松快乐，不勉强自己，更不争强好胜。这几个侧面，也许可以帮助我们理解，张洪瑞是如何遵从自己内心的。

处世：主观为自己，客观为他人

2012 年年底，张洪瑞和企业高管一起聊天的时候，谈到信誉楼最大的优势或者说特色。说来说去，他有了一个明确的思路："信誉楼最大的特色或者说最大的优势，就是切实为他人着想。"

之后，张洪瑞找人按照自己的思路，写出了一本叫作《信誉楼健康发展之秘诀》的小册子，其中包括两部分内容：第一部分是"切实为他人着想"；第二部分是"把主要精力放在做企业而不是赚钱上"。

河北省企业家协会原秘书长张祥林老先生是在 2000 年左右开始接触信誉楼的。2013 年春天，张老先生到黄骅看望老朋友，他告诉张洪瑞："读了小册子《信誉楼健康发展之秘诀》，我发现'切实为他人着想'是信誉楼以人为本企业文化的核心。"

在张洪瑞看来，切实为他人着想是维护自身利益的需要，他在北京大学的演讲中表述为"主观为自己，客观为他人"。

在河北卫视接受采访的时候，他更是明确表示："有朋友说我是'自私的利他主义者'，我觉得这个评价很准确。"

在维护自己根本利益的同时，切实为所有利益相关者着想，这是张洪瑞的处世原则，也是信誉楼的核心价值观。当然，这是后来的总结，但其实他一直就这么做的。而且，为他人着想是他的习惯，根深蒂固，没有一点勉强，他感到舒服，自得其乐。

他私心小。

物质方面，够用就行，尽量舒服。他看重的不是贵重与否，而是是否喜欢与适合。他的理念是"拥有不占有"，包括企业。他在精神方面则常怀感恩之心。

私心小的一个重要表现是淡泊，不贪。"人若淡泊，便把利害关系看得无足轻重，没有人可以牵制他、摆布他、利诱他。"

在楼西二队当生产队队长的时候，各种农活，他带头干；在管理上，他用心研究，率先实行小包工，二队不但工值高、挣得多，而且社员们还没觉得累，日子过得有滋有味。

有的队长自己不能干，也不让社员多挣。张洪瑞恰恰相反，谁越能干，挣得越多，在他手里越红。用他的话说就是："凡是听我的，我让他吃不了亏；不听我的、耍心眼的，我让他沾不了光去！"

楼西二队社员之间曾经对抗、较劲，张洪瑞当队长之后，以身作则，一言九鼎，很快就把它摆平了。

刚开始给社员派活的时候，对做人实诚、干活扎实的，就派他去干；对干活不十分扎实的，张洪瑞就让他跟着自己干，不给他耍滑的机会。很快，个别人耍滑的现象没有了，整个二队风气正、效率高。别人挣得越多他越高兴，他由衷地觉得，自己是最大的受益者。

被尊为日本"经营四圣"之一的稻盛和夫，常用八个字来衡量和勉励自己，"动机至善，私心了无"。

与稻盛和夫不同，张洪瑞是"私心小"。当时生产队的副队长是这样评价他的："张洪瑞有什么了不起？他不就是私心小嘛！因为私心小，他干嘛嘛成！"

信誉楼的干部和员工，以前对老董事长都叫"经理"，这一称呼的来历却大有深意。刚干企业不久，还在小楼的时候，只有一个办公室，里面有一张大桌子，周围摆着凳子，只有一部电话，所有人都在一块儿办公。那时候的经理还少，他让内部的人都叫他"经理"，连"张"字也不带上。不转卖场的时候，他就在办公室擦桌子、扫地。外来的人不知道他是谁，业务方面的人他一概不接待，像地下工作者。没有了"老总""总经理"的称谓，他更轻松。

他深谙这样的道理：赚钱是为了更好地生活，钱够用就行。拥有得越多，在这上面消耗的能量就越多。"占有，其实是被占有。"淳朴简单，才得幸福安康。

他与人交往的原则是追求双赢、利人利己。

上限是利人不损己。对别人有利，但又不损害自己利益的，可以做。

下限是利己不损人。对自己有利，同时又不损害别人利益的，可以做。

其他的，无论对谁有利，只要损害任何一方的利益，都不做。

相比其他地方，黄骅市实行土地承包到户要晚一些。1982 年，黄骅县[⊖]曾组织一批大小生产队干部，到沧县杜林镇参观。张洪瑞顺便买了一些紫穗槐种子，回来就育上了。成苗后，他便带社员们栽种。当时有人说："人家其他地方的地都已经分了，到明年咱们这地也要分，还栽它有什么用？到时候不知道是谁的呢！"他说："不管分不分地，只要栽活了就是好事。是谁的不行啊！"

张洪瑞常常提起："我是社会上少有的幸运者，从年轻时到现在，得到过无数人的帮助。"

他曾说过这么一件事：还在生产队当队长的时候，有一年他被公社免了职。公社安排其他人当了队长，他则为这个人当帮手。虽说被免职心里有些怨气，但张洪瑞还是一心一意地帮助对方搞好生产队的各项工作，维护这个人的权威，这个人遇到什么不懂的或难做的活计，张洪瑞都主动代劳。后来，张洪瑞又当上了队长，这个人在给他做副手时也是处处维护他，队里的工作进展得很顺利。

信誉楼从来没有主动挑起过恶性竞争，即便曾经有同行动过手脚，张洪瑞也让主管们先不做应对，让对方感觉到信誉楼的诚意。信誉楼追求的本来就是合理的利润，对方长期这么做下去，只能损害其自身利益。所以，这些动作基本上都会很快停下来。

他说，恶性竞争不会为这个社会创造财富，而只会消耗财富。所以，信誉楼从来没有提过"打败对手"，而只追求"练好内功"，崇尚共赢，把"在维护自身利益的同时，切实为所有利益相关者着想"的指导思想，贯彻到经营过程的方方面面。

⊖ 黄骅县于 1989 年撤县设市。

他遇事总会习惯性地先为别人着想。

为他人着想是张洪瑞的习惯，根深蒂固。这里面没有权衡、算计，有的是"益人，悦己"。

开业不久的那个冬天，公司的双排车去进货，张洪瑞把驾驶室的座位让给别人，自己坐在车篷子里，还把大棉袄给身子弱的员工穿；出差坐火车，把下铺让给下属……这都是常有的事。他说，"我那时候身体好，禁冻。自己又不受影响，为下属着想，我认为我就应该这样做"。

1987年冬，20多岁的刘爱敏结婚后，在信誉楼附近租房住。一天，她找张洪瑞汇报工作，因为当时天格外冷，谈话间知道她租住在土坯房里，张洪瑞担心她年轻，不会打理生活上的事儿，便关切地问："爱敏，你家用嘛取暖？""有个电热毯就行了。""那怎么行？一会儿我去看看！"

当天，他买了煤炉和煤，用自行车驮着去了刘爱敏家。和好麻草泥，烫上炉子膛，生着火，因为年轻人没点过炉子，怕他们不会伺候火炉子，又给他们小两口讲了烧煤火的一些门道。晚上，一觉醒来，张洪瑞怎么也睡不着了，左思右想刚盘的炉子潮气大，容易煤气中毒。一大早天还没亮，他就去了刘爱敏家敲门，见一家人安好，炉子火旺，这才放心。

张洪瑞对自己和家人在生活上节俭，但对朋友很大方，尤其是帮助过自己的人或自己需要帮助的人。他每年都有计划，自己为数不多的分红到年底都因帮助朋友花得差不多。记得有一年年底，他竟然说了一句："我可能钱不够花了。"大儿媳赵辉还和他开玩笑说："我借给您吧，不要利息。"

张洪瑞说："我以前经常对人说'主观为自己，客观为他人'，其实很多时候，我也分不清自己到底是'主观为自己'还是'主观为他人'，遇事总会习惯性地先为别人着想。这是在认识社会、感悟人生的过程中逐步形成的。"

明智：活得轻松、自信、坦然

明智，即通达事理、有远见，是信誉楼人崇尚的十项好品格之一，也是张洪瑞身上一个非常明显的优秀特质。

在淡名利、私心小的基础上，融合了哲学思维和系统思考的明智，使他活得轻松、自信、坦然。这样的基因也使信誉楼从容稳健地走向健康长寿。

张洪瑞的明智，有与生俱来的，也有后天修炼的。

他认为，明智，一般需要克制自己和抗拒诱惑，别争强好胜、示弱不逞强。

那年月，对于挑海河，其他人都"谈河色变"，好像这活儿就是苦、累、受大罪的代名词。可张洪瑞每次都主动报名，他觉得那是享受，很合算，因为人家管饭，能给家里省出口粮。

"我不好气儿！再者说，心态好就不容易累。越寻思累的，他就越累！"张洪瑞饶有兴趣地描述当时的场景："早晨这顿饭得吃撑了，要不盯不下来这半天。刚吃完饭，装15锨（挑河的锨，都是五六十厘米长）；过去两车子，就是17锨（我平时就推这么多）。赶上人家叫号了，说'拍'！我最多再装上两锨。多了，推不了。我好像有个自我保护功能。"

"有好气儿的，把两边的筐装得竖了尖儿。再多的土也横在上边，土就比脑袋还高了，看道儿得从缝里看。那个咱做不了。好多壮劳力挑海河挑得不是有了伤吗？那是因为争强好胜，比谁装得多。"

不要滑、不好气、量力而为，到最后，张洪瑞反而因为干得多、干得好在海河出了名。领导看出他是个人才，就安排他干"洗坡"这样的技术活，他的小车因为好用也被别人抢去了。

遇到招待客人的时候，张洪瑞也喜欢饮酒助兴，但必定恰到好处，多一点也不喝，也没人好意思灌他，因为他没有灌过别人。

有一次，一位女经理去雾灵山看望他，说起应酬时饮酒的无奈，张洪瑞郑重地给了她一句忠告：示弱，别逞强。当时你看似赢了，但身体吃亏了。

他说："喝酒，要把握好度，叫它不伤身。酒喝多了失态，这种人我看不起他，跟他来往少。物以类聚，人以群分。"

"让人上瘾的事一般都挣脱不出来。就像沼泽地，一点点地把人吞没。那不是你想怎么样就能怎么样的。以前有位企业老板，人长得好，企业干得也非常好，但是赌博、酗酒。我曾经很直白地告诉他，你这企业长不了。果然很快垮了。"

张洪瑞说："我从来没有后悔的事。'改变能够改变的；接受不可改变的。'这句话我很欣赏，就把它放到《理念集锦》里。我也是这样做过来的。"

对于自己的选择，张洪瑞不纠结，不后悔，包括为了家庭从做初中阶段的尖子生到直接辍学回家种地，包括在生产队时因为队长不放他而失去了几次外出发展的机会。

1983 年，张洪瑞所在的楼西二队早就干出了花，各方面在全县领先，但是按照政策必须分田到户。他心里多少有点失落，因为下一步的发展计划不能实施了。但他也知道国家这样做对，必须得分，所以这种失落很快就过去了。

"一个亲戚说，分了以后就过不了了！队里的牲口不够用，就得添。这牲口得多吃多少啊？我说，分开之后个人给个人干，那个劲多大呀？他看见的是消耗，我看到的是生产。"

张洪瑞时间观念特别强，集体活动因为迟到被甩下的员工常有。

有人问："他们被甩下之后，也不敢去找您评理吗？"

他的回答是："他们又没理。他说我也不听。咱《读书摘抄》里面有句话，'有时解释是不必要的。敌人不信你的解释，朋友无须你的解释。'"

"我只批评值得批评的人。批评他起不到作用，你费那个劲干嘛。通过批评，他能够进步，能够成长，才批评他。"

对于信誉楼《读书摘抄》中"机会对于我们也许是福，也许是祸，关键是看清楚、想清楚，有多大能耐干多大事"这句话，张洪瑞的解读简单明了："如果你驾驭不了，不就是祸了吗？如果你驾驭得了，这个机会就是福。审时度势，体现的是明智。"

在信誉楼创办和发展的过程当中，张洪瑞自己承担的责任和风险是非常大的，但是等到企业成功以后，他把利益几乎都给了员工。胸怀是基础，主要是明智，因为他知道，只有这样信誉楼才能基业长青。

《读书摘抄》上有这么一段话："美国学者研究了美国18家长寿企业，得出一个我们意想不到的结论：创业者都不是我们想象的那类非凡的人，而是十分平凡的人。平凡的人，没有特殊的个人因素可以利用，只有靠制度机制来整合，而这种制度机制恰恰是企业长寿的主要原因……企业需要优秀的领导者，但优秀的领导者应该是优秀企业的'产品'，而不是原因。制度优秀的企业自然就'代有人才出'。"

张洪瑞深谙这个道理。早在2001年，他就对公司常务副总经理充分授权，由其全权做主，搭建第一家分店——青县店的领导班子。他在培养人才的同时，着力进行企业制度、机制、文化建设。2008年大病之后，他更是刻意在企业内外淡化自己，减少个人的影响。

甘愿吃亏：坚定地去家族化，追求制度化

作为信誉楼的创始人，张洪瑞就住在信誉楼建在黄骅的一栋办公和住宅两用的五层楼房里。

这栋楼是分给最早一起创业的几位老员工的。2023年春天，"旺伯"张国旺和孔令远等几位退休元老，就是在这栋楼的自家住房里接受采访的。张洪瑞的住房就在隔壁，这些创业元老分到的住房都是一样的。

黄骅店的部分职能科室，包括人力资源部、工会等，也在这栋楼里。

这在中国商业社会，是一个极为罕见的现象。一个民营企业的去家族化，追求制度化，竟然如此彻底。

张迎春记得，爸爸在创办信誉楼之前，对他们姐弟仨的生活十分细心。张洪瑞总能把孩子们的幸福值提得很高，不论是用炒熟的玉米粒与萝卜熬出的糖稀做成玉米板，还是她的雨伞、大弟弟的坎肩、小弟弟的口琴……

那时，爸爸对他们几乎没有严厉批评，倒是很会激励人。当年张迎春初学做饭，焖米饭过了火，爸爸说糊了好消化；焖得夹生了，爸爸又说火候正好，反正总让人觉得心里暖暖的。

1984年，张洪瑞创办信誉楼之后，情况发生了很大的变化。他回到家里，啥也管不上，但是企业、员工的事却统统装在心里。

那时候，张洪瑞常在家念叨："将来我挣的钱和你们没有关系，如果破产和你们也没有关系，'富不过三'，我把钱给了你们，唯恐害了我的孙子，希望你们也不要把钱给你们的孩子……"

这话一说再说，家人一听再听。

开始的时候，孩子们都觉得爸爸不近人情，时间久了，习惯了，姐弟仨就有了不指望爸爸的信念。大女儿结婚的嫁妆，两个儿子结婚的房子，全靠自食其力。

2000年，已经结婚三年的大儿子张勇，打算在上海买套房子安家。但房款有困难，于是他找到爸爸。张洪瑞倒是痛快："你要多少我给多少，但是……"

很多事往往就在"但是"发生了转变。"但是，你得付七厘的利息，这比信誉楼员工借钱的利息还低。"恰巧那年上海有了住房公积金贷款，利息是三厘五八，这对张勇来说真是及时雨，可比在亲爹这里借钱划算多了。后来，张勇选择了上海的住房公积金贷款，20多万元的房款，他和妻子一起贷了12万元。

2008年张洪瑞患病，大儿媳赵辉是医学博士，一直负责张洪瑞疾病的治疗，经常在沧州与黄骅之间奔波。家人都劝张洪瑞："儿媳妇为了你的病，沧州、黄骅两地来回跑，开着辆几万块钱的旧车不安全，你得给人家换辆车啊！"

这话还真就把张洪瑞的心说活了。他找到大儿媳，说："赵辉，我给你添10万，你换辆车吧！"儿媳莞尔一笑，说："爸，我这车挺好，我不要！"

信誉楼现任总裁张建港是张洪瑞的小儿子，他说，父亲经常叮嘱三个子女，"企业不是你们的，钱也不会留给你们，想发展要自力更生"。

张建港开始上学的时候，看到别人都有自行车，他也想要："虽然那时信誉楼的经营状况已经很好了，但知道不能跟家里要，所以就自己出去打工赚钱买了辆自行车。'信誉楼不是我们的，是公司员工的'，这个原则从我父亲创业那天开始，我们就十分清楚。"

张迎春结婚的时候，张洪瑞只有2770元的存单，就给了她这些；张建港结婚的时候，因为物价上涨，所以给了他5000元，"大包干"；张勇结婚晚，加上上海消费水平高，给了他10 000元，也是"大包干"。张洪瑞不让他们办婚礼，都是旅游结婚。一分钱的礼不收，一桌客也不请。对于子女的下一代，张洪瑞也几乎没有物质上的关爱。过年的压岁钱，赵辉记得，最早是50元，逐年增加，最近这两年涨到了500元。

清朝末期的政治家林则徐曾留给儿子一副对联："子孙若如我，留钱做什么？贤而多财，则损其志；子孙不如我，留钱做什么？愚而多财，益增其过。"

真正爱子女的人，给子女留下的不是财富，而是精神，是他们的生活能力和思想品行。张洪瑞的这种爱，是一种有原则的爱、负责任的爱，是一种更为深沉的爱。

这种爱，有些时候的表现方式可能不太容易被人理解，包括作为当事人的姐弟仨，年轻的时候也未必完全明白父亲的苦心。比如，他一直"压"着自己的孩子。

张勇高考一结束就进了信誉楼的罐头厂打工，跟员工一起洗桃、切桃，拿自己赚的钱参加同学聚会。2005 年，张勇决定离开上海回到沧州进入信誉楼，他是研究生学历，按公司规定可以享受校园招聘的工资待遇。张洪瑞知道后，告诉人力把工资给降下来。张迎春前些年的待遇，一直比同级别的同事低一级。

他这样解释："一视同仁，得从员工的角度看是一视同仁，而不是自己觉得是一视同仁。不是主观认为，而是客观现象。"

"我的子女也是没办法，到别处去没有更合适的地方，我又不愿意让他们从政。因为他们是董事长的孩子，所以我一直'压'着他们。他们当时也不理解，我就跟他们讲，'你要认为合理了，别人看着就不合理；你要认为自己吃亏了，别人看着就认为合理了。'"意思是：对于董事长的孩子，人们看父敬子、高看一眼，这是人之常情；"压"着点儿，让他们吃点亏，别人就看着公平了。对于老伴他也如此，近两年有人不断讲情，老太太偶尔外出办个大事才可以用公司的车，以前连跟车都得自己交费。

张洪瑞自己没有任何资产，他的两儿一女，在信誉楼也都从基层员工做起，逐渐打拼为职业经理人。他们没有继承股份，全部收入来自工资、奖金和他们的岗位股股权。

如今，信誉楼的绝大部分股权由近8000名"星级"导购员与核心员工持有，张洪瑞的个人股份已经很少，且不许子女继承。

张洪瑞早就表达过这样的观点：高层管理者要甘愿吃亏，包括自己的亲人。你只有甘愿吃亏，别人才服气，最终你反而吃不了亏。

晚年的张洪瑞，虽然为人低调，不爱夸口，不过有两件事让他感到特别骄傲：一是信誉楼这个企业做成功了，二是儿女们靠自食其力拼出了自己的新天地。

那些甘愿吃过的亏，反而让他、家人和企业没有吃亏，还作为奖励成了生活的勋章。

本心：对自己真，对他人真

真实是张洪瑞的生命底色。

晚明思想家李贽倡导"童心说"："绝假纯真，最初一念之本心也。"他认为，要表达个体的真实感受与真实愿望，这是真心与真人得以成立的依据。

张洪瑞对待自己与对待他人的态度，都从一个"真"字出发，这正是他的本心。

他对自己真。

张洪瑞20多岁的时候，在南大港肉组当会计。一次，他骑着加重自行车去孔庄子赶集卖肉，回来遇上顶风，到了半路，饿得骑不动了。张洪瑞放好车子，不多不少地称了二两熟肉，犒劳自己。然后，从自己的口袋里掏出二两肉的钱，放进公家的钱袋中。垫补了肚子后，他又继续赶路。

这样的事情，如果发生在其他地方的其他人身上，可能会被质疑其真实性。但信誉楼人，或者把范围扩大，只要对张洪瑞稍有了解的人，都可以非常确信，这其中的每一个动作，都必定是老董事长会做的，甚至，也只有他能够做出来。

换句话说，如果张洪瑞在这个过程中有哪怕一丝犹豫、一点走样，比如不是"不多不少地称"，比如没有把钱放进公家的钱袋中，那张洪瑞就不再是信誉楼人熟悉、信任的那个张洪瑞了。

所谓对自己真，就是在那个饿得骑不动自行车的当下，尤其在没有其他人在场的情况下，他没有勉强自己。

"说实在的，那地方前不着村后不着店，就他一个人，就算吃点肉不给钱，谁能知道？可张洪瑞不会，他是个自律性很强的人。这叫什么？慎独！"正是在这个意义上，曾任黄骅市委宣传部副部长、黄骅县广播站站长的吕维俊，评价张洪瑞是"中华传统美德的完美体现者"。

这件发生在张洪瑞身上的小事之所以可信，是因为它与信誉楼人对于诚信的理解是一致的：在关于诚信的三个层次中，第二个层次是"在信息不对称的情况下做到不欺不骗"。

人前人后一个样，有人没人一个样。只有至真之人，才能做到这一步。张洪瑞和信誉楼与别人最大的不同就在于"真"：真说到做到，真不欺不骗，真切实为他人着想。

信誉楼人主张，选择人生定位的原则是既不浪费自己，也不勉强自己。

《读书摘抄》中有这样一段话："后天努力固然重要，但只要我们不愿意欺骗自己，就应清醒地意识到，许多事情是先天决定的，比如基因。……不是一种动物，却往往用同一动物的思维和逻辑权衡别人，定位自己，岂不经常闹出笑话，甚至铸成大错。"

张洪瑞对这段话印象很深。

他说："人不要对自己期望值太高了。我从小没有雄心壮志，干嘛就干好它。10来岁的时候老师让写理想——长大以后干什么。我选择的是，第一，我最喜欢骑着自行车送报纸，做个邮递员，简单，省脑子，又可以多运动。第二，要是当农民，我愿意当一个拖拉机手。第三，要是当兵，我就当一个轻机枪手。重机枪还需要别人给填弹，这个端着就可以往前冲，省心。"

"明白自己能干什么，比想干什么更重要。如果看不准，就给自己留个余地。"

当年从食品公司回到村里，连续三年，社员都选张洪瑞当生产队队长，他说什么也不干，认为自己还没准备好，不打无准备之仗。到了第四年再选队长，他已经做好充足准备，自己给自己投了一票，得票率为百分之百。

他对他人真。

信誉楼有个女经理，遇到高中同学向她借1万元。本来说是过两天就还的，可一周之后，不但没还，还打来电话说再借1万元。这个女经理既抹不开面子直接拒绝，又隐隐对这个同学的言而无信有些担忧。踌躇不定之际，她正好遇到张洪瑞，就把自己的困惑说给他听了。

张洪瑞当时是这样跟她说的："别做后悔的事儿。尤其朋友找你来借钱，你得有心理准备，借了以后他还不了，你不后悔，那就借给他。如果还不了你后悔，现在别借给他，直接就拒绝。你不借给他，你们永远是朋友，别看也许他当时别扭，一炮蹶子走了，回来他还得找你。你借给他，他还不了，连人也见不着了。你是财丢了，朋友也丢了。"

这番真诚对己、真诚待人的话，不但让女经理的思绪豁然开朗，而且成为她后来处理类似事情的指导原则。

怎样处理企业利益和亲情、友情之间的关系，到张洪瑞这儿，也变得非常简单："我当队长时，大家都知道我跟几个人关系好。我就跟他们说，咱们好就家去好，到了生产队，一视同仁。从企业的角度，用人原则是'以文化亲和力定取舍'，谁损害了企业的利益都不行。因为大家的命运都系在信誉楼上了，这是一个共同的大利益。你在信誉楼干，就必须按照我的意图去做。他们在这方面也都明白。如果不接受我的价值观，他只能个人干去。"

曾任黄骅县常务副县长的夏相臣，评价张洪瑞说："他在任何人面前都真实简单，从来不端着。"

"就说吃饭这件事吧，洪瑞请客，甭管跟谁，每人最多就上一道菜，不上山珍海味，更不铺张浪费。自从在公社办公室认识他以后，我对洪瑞很是欣赏，让他有时间到家里来吃饭。洪瑞没客气，之后就经常到我家来。我的招待也很简单，赶上什么吃什么。有时候就将一把小葱、喝点小酒，两人聊得挺畅快。"

他的真，表现在方方面面。

张洪瑞以前有个习惯，每天上午 10 点喝一袋酸奶。一次他去某大学讲课，到点儿了，拿出酸奶就喝。主持人很会说话："张总为了咱们都没来得及吃饭……"

"我吃了！就是这个点儿得喝袋酸奶。"他毫不掩饰。学生们都笑了，更加喜欢这位淳朴可敬的农民企业家。

创业初期，人员比较少，张洪瑞那时候经常上员工家里去，像老师家访一样，赶上什么吃什么。要是专门给他做好吃的，他就烦了。

在酒桌上，他一不劝酒，二是他觉得自己的量到了，就不再喝。要是有人再三劝，下次他就不跟这样的人一块喝酒了。他不委屈自己，活得真实。

在《童心说》那篇流传了几百年的文章中，李贽还说过这样的话："若失却童心，便失却真心；失却真心，便失却真人。人而非真，全不复有初矣。"意思是说，如果失掉童心，便是失掉真心；失去真心，也就失去了做一个真人的资格。而人一旦不以真实为本，就永远丧失了本来应该具备的完整的人格。

张洪瑞的言行，体现的正是中国文化传统中所称许的以真实为基础的完整人格。

求真

认知规律，尊重规律，把握规律

张洪瑞当生产队队长时，从报纸上看到，要搞好农业，一靠政策，二靠科学，他就在这两方面动脑筋了。他理解的是：靠政策，就是调动积极性；靠科学，就是尊重自然规律。

年轻的时候，张洪瑞干重体力活轻松高效，让工友、社员们佩服得五体投地。要说秘诀，就是"不争不抢、不急不缓，找规律，会用劲，没有一点多余的动作，积极愉悦且耐力持久"。

当年在村里扬场、筛筛子、簸簸箕这些技术活，张洪瑞的效率比其他社员高出一倍不止。原因是他善于总结规律，抓关键点，动作到位，没有废一点功夫。

信誉楼之所以40年持续稳健发展，很重要的一点就是把主要精力放在做企业而不是赚钱上。遵循规律，注重过程，不懈怠，不冒进，踏踏实实走好每一步。这就是创始人的风格。

尊重规律，认知规律，把握规律，按规律办事，这是几千年农耕文化教会每个中国人的道理。农耕文化是中华文化的母文化，日出而作、日落而息的华夏子孙，仰观天文，俯察地理，结合农作物生长规律的自然节点，创立了被列入世界非物质文化遗产的二十四节气。这是一代代农民对农事活动规律认知的结晶。

遵循二十四节气的本质是"敬天道而事之"，就是要依照自然界农作物生长变化的客观规律，来安排农业生产活动，体现了中华农耕文化中尊重"天道"，即自然的基本性质。

这里的"天"，就是"自然"。"天道"就是农业生产规律，尊重天道就是敬畏自然，顺从自然，善待自然。

但人对自然的尊重并非消极被动的，而是积极能动的，人同时能保护自然、利用自然，从而实现人与自然的和谐共生，永续发展。自然与人相互依存，相互作用，相互影响，共同发展，从而形成了天人合一的理念，并且这个理念成了人类社会的主流观念。

农民出身的张洪瑞，对规律的尊重，渗透在他工作和生活的方方面面。

为了认知规律、把握规律，他终身学习，爱书成癖，活到老，学到老。

实践中，他以农民耕耘土地的心态做商业，不断摸索总结企业规律、商业规律，扎扎实实地带领信誉楼行稳致远。

他极有分寸，用"留有余地"诠释了中国哲学中最重要概念之一的"度"，并在尊重规律的基础上专注、坚定，坚决不做违背规律的事情。

他身上充满了思辨的光芒，以哲学思维和系统思考直抵事物本质，决不人云亦云。

张洪瑞的"求真"精神，集中体现在信誉楼的发展原则中：夯实基础，把握规律，顺其自然，留有余地。

尤其精彩的，是他关于发展原则的三条释义：

- 我们崇尚"基础决定楼层"，不赞同"超常规"发展。

- 我们认为人类只能认识自然，把握规律，因势利导。我们鄙视"扭转乾坤""人定胜天"。

- 我们主张通过挖掘潜能，不断实现自我超越。在所有资源的使用上都留有余地，不提倡"满负荷"。

历经岁月磨砺的农耕文明的精华，在商品经济时代熠熠生辉。

认知：每天进步一点点

信誉楼《理念集锦》中有这样一句话："用心学习，用心工作，每天进步一点点，日积月累，不断自我超越。"这句话也放在了信誉楼《读书摘抄》的扉页，说明它很重要。

张洪瑞 7 岁上小学时，很是爱玩，成绩一般。到了四年级，班主任偏爱他，堂堂提问，他开始用心学习，成绩慢慢提升，初中时成为尖子生，且从此爱上了读书。

那 3 年的阅读使他进入书海，积累了丰富的知识。他现在还能记住当时看过的小说《诸葛亮》《三炮》里面的片段。

辍学工作后，他依然读书成癖。在煤建和挑海河时，他都带着书，得空就看。工友们打牌，他充耳不闻，丝毫不受影响；排队买票，地上有张报纸也要拾起来看看；外出开会，他必定带着本书，等待的时间就投入阅读⋯⋯

张洪瑞当生产队队长的时候兼着业务员，特别喜欢去交河县棉制厂厂长单相林那儿，因为厂长书多。他在那住着，可以读个痛快，困了再睡。晚上缺觉了，白天在汽车上能睡一路。

张洪瑞说："我当生产队队长干那么好，其中一个重要原因就是爱读书看报，《沧州日报》当时有个'农民之友'栏目，我每期必看。"

干信誉楼，企业的工作千头万绪，他却拿出 60% 以上的时间用来看书，如饥似渴。因为信誉楼是一个完全创新型的企业，遇到问题，没有任何成熟的经验可以借鉴，他需要从书里找答案，看看别的企业对类似的情况怎么处理，再去决定。从经营管理模式，到股份制的探索，都是如此。

2000 年信誉楼设立常务副总经理以后，他对具体工作基本就很少过问了，更专注于读书和探索。

那些年，张洪瑞到了北京或天津，最愿意进的就是书店。他在前边儿健步如飞，同事们在后边儿跟，得一溜儿小跑。看见前面有书店，大家都知道，可以歇歇了。为什么呢？因为他进了书店，就像进了海洋，不出来了。天津规模较大的东北角新华书店，是张洪瑞最爱去的一个地方。

他读书范围广泛且聚焦。

张洪瑞此前的阅读范围很广，哲学、小说和报告文学等他都喜欢。19岁在煤建公司当临时工时，学习毛泽东主席的"老三篇"、《实践论》《矛盾论》，一学，他就爱上了。听收音机里讲"哥德巴赫猜想"，在刊物上看到相关内容，他都仔细地看。像《欧阳海之歌》《林海雪原》《钢铁是怎样炼成的》等当时那些有名的书，他几乎都读过。

创办信誉楼之后，他读书的内容完全聚焦。

他认为，中国传统文化每天都在浸润我们。因此，他主张直接学习吸收了中国文化精华以后写出来的日本的管理书籍。

那时，张洪瑞就是凭自己对知识的掌握和需求去选择书籍，像《知人用人七十二诀》《经营之道》《一分钟经理人》等。这些书的内容，对企业创建初期形成基础性的管理思想，有很大影响。

1999 年，时任黄骅市委常委、办公室主任田金昌推荐的《第五项修炼》，让他感觉相见恨晚。《基业长青》《从优秀到卓越》，在信誉楼的理念体系中，成为重要组成部分。看松下幸之助等经营者的书，他饶有兴趣。

他把精力都集中在这些对企业管理有用的书上面，别的就不再看了。所以，每年春节放假，他弄上两本武侠小说来读，就算犒劳自己。一上班，这些就都不想了，他又专注于跟企业管理密切相关的书。

对张洪瑞而言，读书早已成为一种习惯，成为生活的重要组成部分。是需要，也是享受。

哪怕在生病做过手术之后，《信誉楼人》他每篇必读，公司订阅的《中外管理》《中国企业家》《发现》《百货商学院》也每期必看。这些都看完了，还有时间，再看其他的。《特别关注》这本杂志内容丰富、可读性很强，但是他能克制，放到最后再看。实在没有书看的时候，他也会读一些世界名著。他说，这些书从管理的角度没什么收获，但是开卷有益，了解了人家的价值观和思维方式。

他读书讲究方法，喜欢有效阅读。

张洪瑞读书善用时间，也讲究方法，从小学时就是如此。新书一发下来，他就迫不及待地先读一遍。再上课的时候就专注听讲，哪一点还不懂，就着重听哪一点。

放了学先把作业做完，到晚自习之前的这段时间，他会找出第二天用的课本搁在桌面上，哪个简单先看哪个，最后剩下一本难点儿的，多看两遍，就理解透了。再有时间，他也会看点儿有用的课外书。知识积累得越多，理解新知识就越快，成绩也越来越好。

他学习古文、古诗词，都是先弄明白，要是当故事应该怎么讲，讲熟练了自然就背下来了，死记硬背反而记不住。从学习中，他真正理解了什么是"深入浅出"。

张洪瑞读书跟做事一样，不贪多，不求快，专注且用心。他从不同时读好几本书，都是读完一本再读一本。而且先浏览，用不着的，一溜儿就过去了，发现有用的再深读。把重要的划下来，需要的，就摘录下来抄在本子上。这是名副其实的书里淘金。企业管理书籍当中的很多句子，都是这样被"淘"出来的。

张洪瑞在骑车、散步或者喝酒之后，思维最活跃。他随身装着小本子，有了灵感就赶紧记上，回去再抄到笔记本上。一本抄满了，从头到尾看一遍，确实有用的，抄到另一个本子上，其他的就放起来，不再看了。

一些对他触动深的或者重要的内容，他也会反复阅读。

他讲求学以致用。

信誉楼《读书摘抄》中有两句话："书籍的最大益处，并非总是来自我们记住的内容，而是来自书的启迪。""所谓读书破万卷……重要的是你要把它读'薄'，最好是'薄'至一张纸，化作你自己能说得清、办得通的'圣经'。"

信誉楼企业理念的要点，是张洪瑞将书海中淘来的精准阐述，与自己的价值观、人生观和人生经历、感悟融合之后的梳理、表达，而《读书摘抄》则是提炼和制定理念的参考，也是对信誉楼企业理念的诠释。包括《追求成功人生》在内的一些内部汇编资料，都是最能体现他学以致用能力的佐证。

"工欲善其事，必先利其器。"这句话张洪瑞理解得很深，当队长的时候就运用自如：楼西二队农具最全，有的是生产队统一给买，有的是各家自己买，队里给补贴的。晚上在队里记着工分，张洪瑞就把第二天的活儿都布置好了。大家提前准备，第二天直接下地，效率高。

张洪瑞修缝纫机，当时在他们村那是一绝。挑海河的时候他带着本书，把缝纫机的关键点吃透了：缝纫机的主要毛病就是断线、挫针、跳线。去了之后，人家说明白出现了什么问题，他修理十来分钟，也不用试，弄好了就走，真叫一个"手到病除"。

张洪瑞曾认为自己不善言谈，尤其不善演讲，但他给人的印象是语言风格独特，简单、精准、形象、极具感染力。他平时讲个道理，善打比方、用案例；讲个笑话，生动鲜活、耐人寻味；外出演讲，特别能抓住听众的心，让人家听得津津有味，又受益匪浅。

他说，这都是靠着学习、看书得来的，只要自己多积累，多领悟，语言和文字表达能力自然就提升了。

北宋第三位皇帝宋真宗赵恒在《劝学诗》中有言，书中自有千钟粟，书中自有黄金屋，书中车马多如簇，书中自有颜如玉。为了认知规律、把握规律、读书成癖、学以致用的张洪瑞，终身学习，真切践行了信誉楼《读书摘抄》扉页上的那句话。

实践："耕耘心态"

不管当农民还是做商业，张洪瑞始终有一种"耕耘心态"，这是他在实践中认知规律、尊重规律、把握规律的重要体现。

他的"耕耘心态"，至少包含了三层意思：其一，一分耕耘一分收获，劳动创造价值；其二，耕耘要因地制宜、抢抓农时，要在恰当的节气耕耘，违背农时的自然规律，就不会有好的收成；其三，重视过程，耕耘了可能会有收获，也可能没有收获，无论如何要先做好过程，才可能会有好的结果，做不好耕耘的过程，一定不会有好的收获。

"耕耘的过程是一种享受，这种享受才是人生最重要的部分，最后的结果无论是否丰硕，都只是副产品。"张洪瑞常常这样说，"过程做好了，结果就是自然而然的。但天有不测风云，很可能会出现意外，就算因为天灾人祸，造成结果并不是自己想要的，也不要过于耿耿于怀。因为这不是我们能左右得了的。只要自己努力过，不后悔，就可以了。"

他靠自己的双手耕耘、收获。

在传统农事活动中，耕与耘都不是简单的工作。对于农民来讲，一年四季都有那个季节该干的活儿——农人与土地、农作物，在无数个节气轮换间心心相印。

中国古代是农耕社会，一部古代农业史，何尝不是一部农人们如何付出、劳作、跨过沉重与痛苦，最终收获希望与欣喜的壮阔历史。

人们很早就知道，财富来源于自己的劳作，不躬耕田畴便不会有生存的资本，于是在日复一日的劳作中，领悟着一分耕耘一分收获。这一朴素的真理带着泥土的味道，让整日与泥土为伴的人们相信并谨记天道酬勤、力耕不欺，利无幸至、力不虚掷。

和祖祖辈辈一样，张洪瑞就是个朴实的农民，靠自己的双手耕耘、收获。土地法则从来简单——耕耘就会有收获，没有惊喜也没有亏欠，春夏秋冬，经年累月。

从土地转向买卖，劳作对象从黄土变为人心，张洪瑞没有变，他本能地认为，人心和土地是一样的，播种与收获、付出与回报，道理并无差异。

"因为我的这个心态，咱企业出的那本书，我给定的名字就是《耕耘》，以后也永远是《耕耘》。'不图打败别人，但求立于不败；不图一时繁华，但求基业长青'也是这个理儿。"张洪瑞说。

他深知，耕耘要因地制宜、抢抓农时，违背自然规律，就不会有好的收成。

农业劳动是中国文明的基础，中国人巨大的智慧就来源于土地，来源于农业劳动。这里有春耕夏耘、秋收冬藏，这里有天地自然，这里有万事万物。

黄骅这一带，原来谷子十年九旱，产量小。东湾村有句老话叫"早谷晚麦，不收莫怪"。谷子种早了，就容易影响产量。

为什么会这样呢？张洪瑞当队长的时候，就不停地琢磨这句话，后来再通过看书看报，搞明白了其中的道理：谷子种早了，之后拔节期正赶上天旱。出苗的时候谷子非常耐旱，但是只要一拔节，开始往上长了，遇旱产量就受影响。

什么时候种最好呢？他把东湾村和黄骅这边的谚语综合起来，得出"榆钱落，种谷子，正好是季节"。榆钱落，这就叫物候。

既因地制宜，又抢抓农时，他们队的谷子产量就明显很高。

2004年，在给信誉楼的干部和员工做培训的时候，张洪瑞就这个话题做过专门解读："军事家讲究的是捕捉战机，农民种庄稼讲究的是抢抓农时，商界营销也要善于寻找商机。很多柜组主任都有这样的体会——看到一个新的品牌，把握不准，想看看再说。结果等到想引进时，早被别人抢了先机，自己空留遗憾。消费者需求的多样性，决定了市场的多变性，这就要求我们必须以变应变。"

做不到因地制宜、抢抓农时的"变"，不管当农民还是做商业，都很难应对外界的"变"。

他认为，过程做好了，结果是自然而然的。

晚清思想家曾国藩，以"莫问收获，但问耕耘"为一生谨遵的座右铭。

在张洪瑞看来，耕耘了可能会有收获，也可能没有收获，无论如何要先做好过程，才可能会有好的结果，做不好耕耘的过程，一定不会有好的收获。

"家里做好饭，地里不用看。"这句俗语的原意是：以前的地主让雇工干活，但不让雇工吃饱，过程中还派人到地里监督。后来，有人反其意而用之，总结出经验来："家里做好饭，雇工吃得好，即使没人监督，活儿也能干好。"

张洪瑞是一个重视过程的人，他干农活的时候这样，休闲娱乐的时候也这样。

他打乒乓球，不愿意计数，认真打好每一拍，享受打球的乐趣。"只要一记数就紧张，享受不了过程。参加比赛得了冠军，那个结果瞬间就会过去，而过程当中的享受是永远的。"

在他看来，事物的发展都有一个过程。任何一件事情，都有一个发生、发展、结束的过程，过程做好了，结果是自然而然的。

正是基于这样的对人性的理解，信誉楼的管理才能做到以人为本："你只要想法满足员工的需求，他就会按照企业的要求去做。咱企业不仅考虑员工的眼下利益，连以后都考虑到了，比如退休安置金的设置。一干信誉楼我就明白这个关系了——不是顾客第一，是员工第一。员工健康快乐，是企业健康长寿的基础。"

"我以前看武侠小说，里面有内家、外家之争，我崇尚内家。据说，内家高手能将对方的千钧之力，化解于无形之中。一个人只要拥有健康的心境、广博扎实的知识，善于系统思考，他就会像内家高手那样，比较容易地将工作和生活中的难题（压力）——化解。"

"信誉楼注重过程，其实就是在练内功。"以耕耘为乐的张洪瑞，如此解读信誉楼为何重视做好过程。

留有余地："欠一口"

哲学家、美学家李泽厚认为，"度"可以看作中国思想的第一范畴。

这是中国哲学思想的独特贡献。这里的"度"，是"掌握分寸，恰到好处"，来自人类生产、生活技艺中的反复训练。

区别于西方文化中的二元对立论，中国文化中讲求的"阴阳互补""和而不同""变则通，通则久""增之一分则太长，减之一分则太短"等，就是"度"的艺术，也是"美"的基石。

留有余地，就是张洪瑞的"度"。

事实上，企业家每天都在管理相互冲突的目标，如何留有余地，就显得特别重要。成功的企业家，往往能够把别人看起来不可调和的东西协调一致，化解诸如长期和短期、利润和增长、整体和局部、老业务和新业务之间的矛盾与冲突。

留有余地的企业家，在做出重大决定的关键时刻，不至于把问题简单化、极端化。过于绝对、不愿妥协的方式，往往容易撕裂企业，甚至撕裂社会，这是东方智慧对西方管理学的有益补充。

在张洪瑞看来，留有余地属于"明智"的范畴。

他曾反复强调："在我的原则或者信条当中，一切问题从来都没有唯一和不变的答案。世上没有绝对的公平。坚定的信念很重要，但是你过了度，就成了固执。这是明智的范畴。做到明智，其他问题都不是问题。不然的话，你钻牛角尖，觉得还挺有理，实际上你那个理儿过头了。真理，向着相同的方向跨进半步，就成为谬误（过犹不及）。用一句跟它接近的话来表述，就是一不犯法，二不犯傻。"

　　他还用自行车后轴来举例，进一步阐释了留有余地的处理原则："'过犹不及'，在字典里的意思，是'事情办得过火，就跟做得不够一样，都是不好的'，我认为，过了不如不及。不信你就去用。最典型的一个案例就是自行车后轴，你要是上过了，易扣了，就得报废。你没法叫它上得正好，就只缺别过。"

　　把握规律、找准定位、抗拒诱惑、懂得取舍是张洪瑞留有余地的重要体现。

　　1999 年，信誉楼有了稳固的财力基础、管理基础、人才基础，张洪瑞在研究了大量国内外失败企业案例之后，就确立了企业定位（以百货零售业为主，向连锁经营方向发展，决不涉足高风险投资领域）和发展原则（夯实基础，把握规律，顺其自然，留有余地），到 20 多年后的今天，一字未动。

　　张洪瑞认为："找准企业定位，一切行为都不偏离企业目标，这是最根本的一条。作为企业，不但要清醒地知道自己能做什么，更要知道自己不能做什么。企业家的精力和企业的实力都是有限的，顾及太多的结果，往往导致精力分散，顾此失彼，事与愿违。"

　　"企业盈利不等于成功，但成功的企业当然应该盈利，而且是长久的盈利，可持续发展，并且对社会有益。信誉楼创立之初就没有追求短期利益，而是把'追求成功'作为最终目标。今天，我们成功很重要的一条经验就是'抗拒诱惑'。一是抗拒金钱暴利的诱惑，二是抗拒短期利益的'点子'的诱惑，始终如一地用核心理念指导我们的经营和发展。"

　　"我们既然选择了走以信誉为本的路，就要一直走下去，要坚定不移地做一只不会拐弯的笨猫，瞅准目标一直朝前走。"

从留有余地出发，他主张"欠一口"。

河北有个企业家，曾经提出满负荷工作法，张洪瑞很是反对。他说："你满负荷，设备发生故障了，要影响合同，人也不可能轻松。工作的目的，是更好地生活，所以我赞成留有余地。尤其涉及安全的，比如消防泵配备两套，这套坏了，那套马上就可以用。"

他认为，依靠拼搏取得的成就，是不会长久的，因为拼搏不会增加能力，它只是拼消耗，拼体力。用心地干、尽兴地玩，工作生活有规律，有节奏，张弛有度，身体和精神都是健康的，这才是信誉楼所倡导的。

在他看来，满负荷其实是无"度"的表现，所以，在信誉楼的发展原则当中，他主张挖掘潜能，不断实现自我超越。

同时，在所有资源的使用上，都留有余地，"欠一口"。

张洪瑞日常生活极其节俭，吃饭时，一张餐巾纸都分成两半用，子女在他面前也不敢随便用。他有记录天气预报的癖好，从来都要正反面写满才把纸扔掉。他穿衣不讲名牌，一个季节两三身，舒服就好。他说："我是干商业的，不是不让大家消费，我鼓励适度消费，但是不能浪费。"他习惯性地在物质上总是欠着一点，认为这是一种人生享受。

在日常表达方面，他也这样要求自己："绝对的语言，尽量少用，留出余地来。碰见一个事，你要问我，我就告诉你'我是怎么认为的'，这句话很重要，它仅代表自己的观点。"

简单：返璞归真，直抵本质

生活在这片绵延了几千年的土地上，受文化的滋养、父辈和周围师友的影响，加上不断学习精进，和与生俱来的品质相融合，张洪瑞悟到了很多道理，并一直在"道"的层面做人做事。

他擅长系统思考，有明确的一体观。

系统思考，是指用系统的、整体的、动态的思维方式，代替原来机械的、零散的、静态的思维方式。用他自己的话说，就是"四维角度看问题"。

在他的原则当中，一切问题从来都没有唯一和不变的答案。

他早就认识到，自身利益与客体利益的关系是密不可分的，维护自身利益，就要照顾周围客体的利益。宽泛地讲，我们要想生活得更好，就不能不改进自己生产、生活的行为方式，尽量减少污染，维护地球的生态平衡，否则人类自身就要受到大自然的惩罚，发展更无从谈起。

"社会环境和自然环境，无不直接影响着我们每一个人。为了自己的根本利益，信誉楼人崇尚'天下兴亡，我的责任'。""天下兴亡，我的责任"这句话，也被写进了信誉楼的店歌之中。

在张洪瑞的思维里，做企业，没有竞争对手，只有竞争伙伴。

他说："其实，对手也是伙伴。如果你为了争输赢，对手就是敌人；如果你为了提高，对手就是伙伴。确定你与对手的关系，要看你的目的是什么。我干企业是想持久、健康发展，而不是挤垮别人，那么我们的对手就成了伙伴。作为打算远途旅行的人来说，是希望有个旅伴的。"

"任何一个人，生活在社会中，都不可能是孤立的。个人生存质量的好坏，与整个生态平衡有很大关系，与环境有很大关系。企业也是如此，它也需要商业的生态平衡。在一个地方如果把别人都打败了，等待你的很可能是灾难，而不是胜利。谁破坏了平衡，谁就会遭到惩罚。所以，信誉楼所到之处，没有价格竞争。"

信誉楼发展战略当中的企业定位，是"以百货零售业为主，向连锁经营方向发展。决不涉足高风险投资领域"。可是在后边的释义中又说，"高风险投资也是社会发展所需要的"。

张洪瑞的解释是："咱不涉足，但是别人这样做也是对的，咱不排斥人家。理念中的好多内容，和这差不多意思，不要说咱是对的，人家那个就是错的。'猪往前拱，鸡往后刨，各有各的道。'只要不危害别人，就无所谓对错。再说，百花齐放、五颜六色才好看。"

他认为，企业也是一个生命体。"你把它看成生命体，才知道它的健康和人的健康是一回事儿。我说过，做大做强，这是物理概念。企业是一个生命体，哪能用物理概念来形容呢？咱要的是做好，这是咱努力的方向。企业做好了，再做大做强都行，那是自然而然的。但首先，你得做健康了。"

基于系统思考，对于一些在常人看来难以抉择的难题，张洪瑞总是能够抓住主要矛盾和矛盾的主要方面，主张"一头沉"。比如，遇到企业和员工之间的问题，他主张把对的一面让给员工；遇到员工和顾客之间的问题，他主张把对的一面让给顾客。

认识张洪瑞的人，都说他善于应用逆向思维、辩证思维。而张洪瑞自己，则称之为哲学思维。

这是一种超乎常人的思维模式。正如一位学者的评价——信誉楼超越了"一分为二"的辩证思维和"舍得"的高级算计，实现了共赢。

薄薄的《理念集锦》收录了张洪瑞的三篇论文，其中一篇是写于2000年并于次年发表在《中外管理》杂志上的"质疑惧者生存"。当时他听到各种声音都是"干企业如履薄冰，战战兢兢"时，他说要是必须这样，就不干了！他认为，工作的目的是更好地生活，主张用心学习和工作、开心生活和娱乐，所以对"惧者生存"提出质疑。他在文中讲道：

"如今企业一般寿命为四至五年，长寿的一般也不过三四十年；企业家的平均寿命只有五十几岁。显然，用呕心沥血、透支生命的方式，却只能将企业维持几年，这结果肯定与企业家的经营初衷完全背道而驰。"

"企业家是不是可以用另一种心态去经营企业呢？……我们都有这样的常识：人在匆忙、紧张、烦躁的状态下，思路就会闭塞，而在放松的状态下却往往会才思敏捷、突发奇想。这说明了，要将自己真正巨大的能力——潜能开发出来，就必须保持一颗平常心。拥有出世的心态，做好入世的事情。这样，我们在平日学习与实践中积累起来的大量信息，才会自由调动，发挥效能。那么，怎样才能做到'无惧'呢？我们的体会概括地说就是：超越自我，留有余地。"

接下来他论述了几个关键点：找准企业定位，一切行为都不偏离企业目标；夯实基础，练好内功，实现自我超越；留有余地；把企业经营作为一种乐趣比当作一份负担或单纯一种责任更易成功；要拥有宽广的胸怀，善待竞争对手。

他说："我们对'惧者生存'提出质疑，绝不是盲目乐观、高枕无忧，而是主张在夯实基础、不断自我超越的基础上，顺其自然、把握机遇、留有余地，这才是企业健康、持续发展的保证。"

张洪瑞常说："我是社会上少有的幸运者！"

难道他真的那么幸运，总是好事相随？不尽然。只不过他事事用光明思维，总觉得自己合算，便拥有了幸福、快乐、成功的人生。

大发明家托马斯·爱迪生说过："我没有失败，我只是发现了一万种不成功的方法。"

事实上，任何事物都有两面性。重要的不是发生了什么事情，而是我们看待问题的角度和处理它的方法、态度。着眼于事物的光明面，乐观地去对待，快乐和好运就会如影随形。

张洪瑞说："光明思维的最高境界是'发生即恩典'。改变能够改变的，接受不可改变的。"

2008年春，张洪瑞被查出肺癌。得知消息后，他跟赵辉（大儿媳，医学博士）说："如果有万分之一的机会能治好，那就是你爸爸的运气；如果实在治不好，你爸爸无怨无悔，这辈子值了！"

当天晚上跟往常一样，张洪瑞睡得特别香甜。

他积极配合治疗，过程中没耽误听书、学歌，做放化疗最难受的时候就睡觉。头发掉光了，正赶上换身份证，他就原汁原味地照了张光头相，还风趣地说，给这段经历留个念想。

他说："我得这场大病，也认为老天爷是公正的，不能光叫我得好处。我没有抱怨过。过好每一天，快乐每一天。顺其自然。"

张洪瑞时时刻刻都在用他的光明思维让我们明白：一个人快乐，不是因为他拥有的多，而是因为计较的少；心里一片阳光的人最幸福。

张洪瑞是一个非常简单的人，这种简单，是建立在系统思考、哲学思维、光明思维之上的返璞归真，是在尊崇规律、洞悉人性之上的直抵本质。

他从来不带手机。作为企业家，这实在罕见。他这样解释："想着放权，自己轻松，带上手机轻松得了吗？我没有手机，他找不着我。包括一些应酬，如果他找着你了，不去不合适；我没手机，他本身也不打我的牌。"

他心里不存事，过去就完。他对人好是发自内心的，教育人、批评人也是发自内心的。所以他做出来的事，没有面上的。而且他不纠结——这个事既然做了，多坏的结果都在他的接纳范围之内。

张洪瑞的简单，是超越了事物繁杂表象的简单，是真正懂得生命真谛的简单。

真诚

不精不诚，不能动人

曾国藩对"诚"有过一个定义："一念不生是谓诚，故诚于中，必能形于外。"

真诚在内心就是纯净无染、没有杂念，表现于外就是真实不虚、率真自然。

真实是真诚的本色。袒露真实的自己，展示的是一个人面对自我的勇气。像张洪瑞这样，遵从自己的内心，随时随地用自己喜欢的方式享受生活，不为物役，该花就花、能省就省，拥有一颗平常心，喜欢轻松快乐，不勉强自己，更不争强好胜，就是一种真实的生命状态：性情自得，轻松快乐。

共情是真诚的内核。所谓共情，就是发自内心、设身处地地关心别人、为他人着想，用对方的思维方式走入对方的内心世界。对于遇事总会习惯性地先为别人着想的张洪瑞，共情是他与生俱来的天赋。

他能够不以自我为中心，放下内心先入为主的评判或偏见，用心体察对方的情绪，用倾听的方式理解对方，所以别人在与他相处的时候，都能感受到他的善意。

正如一生致力于人性问题研究的戴尔·卡耐基所说，当我们看到愿意倾听的人，我们内心的口子就会自然打开，只有这时你才会和对方进入互动交流。这其中的秘诀，就在于互动双方是否具备共情能力。

尊重和自我实现，是马斯洛需求层次理论的两个最高层次，每个人都有渴望得到他人尊重的需求，对他人尊重，体现的不仅仅是教养和素质，更体现着信任和真诚。

在人际交往中，如果我们发现这个人是真诚的，在我们自身受尊重的需求得到满足的同时，就会不由自主地尊重对方；一个虚伪的人不会懂得照顾对方的感受，也不会去考虑对方的需求，这样的人不会得到对方发自内心的尊重，只会得到防范、抵制和疏离。

威信是真诚的结果。威信是威望和信誉的统一。地位能给人以权力，但不一定能使人有威信。从根本上讲，威信来源于自我能力，是一个人内在实力和人格自然、真诚的流露。

张洪瑞的威信，来自他敢于承担责任，言必信，行必果；来自公平公正，以身作则，廉而有德，立威于众；来自坚持原则，赏罚分明；来自坚定的信念和对工作、对事业的热爱与激情。

《庄子》有言：真者，精诚之至也，不精不诚，不能动人。

心理学效应中，有一个吸引力法则，指的是人的心念（思想）总是和与其一致的现实相互吸引。以真为活法的张洪瑞，之所以能够吸引一批又一批追随者，归根结底，其实是因为一群精诚之人的惺惺相惜。

切实为他人着想：用对方的思维方式走入对方的内心世界

张洪瑞之所以遇事总会习惯性地先为别人着想，是因为他具备极强的共情能力，时时刻刻以自己的真心，急人之所急、需人之所需。

切实为他人着想，需要换位思考，深入对方内心，去体验他人的情感、思维。

早年间，信誉楼曾与人合作，在黄骅市建设大街开过一个超市，干得相当不错。张洪瑞就嘱咐了负责人一件事——蔬菜早点儿卖完。

他的考量是：一方面，超市外边本来就有一些菜摊儿，得给人家留碗饭吃，我们也能减少处理工作，双方都受益；另一方面，消费者通过比较，觉得小摊儿上的菜质量不如咱好，又不便宜，他们会紧着到信誉楼超市来买，这样也会把小摊的经营水平带动上来。

2008年，张洪瑞病后休养期间，一位非常受器重的大学毕业生因故离开企业，他很是惋惜，但没有一丝责怪。他从企业制度上去反思人才流失的原因，而后努力解决。同时，他发自内心地尊重他人的选择，盼着从信誉楼出去的这些人都能发展好。他们越好，他越高兴。

理解、关注和回应，是切实为他人着想的题中应有之义。

2007年，信誉楼设立了员工救助金，用来帮助有困难的员工。

第一年发放救助金的时候，工会做了大量的前期工作。为了保证公开、公平、公正，按照"个人申请—单位审核—公示"的流程，共计发放十多万的救助款。时任工会主席跟领导汇报情况，张洪瑞给予建议："标准定得再松些。一家给个三千两千的能顶事吗？要能真正帮他们解决难题才行。"

最后，工会准备公示受助者家庭情况名单，被他制止了："生活困难的人本来就自卑，咱们一公示，以后谁还来申请救助呀！"

后来，信誉楼困难员工救助进入常态化，遇有员工突发特殊困难，也会给予及时救助。

切实为他人着想是张洪瑞与生俱来的一大优秀品质。

楼西村的张家胡同当年很有名。四户人家，好得像一大家子。张洪瑞七八岁时，就是这个胡同里的"小大人"：积极有爱，责任感强。

每次雪后，他就带头组织小伙伴们，先把胡同打扫干净，把各家房顶子上的雪扫下来（那时候村里的房顶子是泥的，怕积雪），再抬到坑边去；年三十的饺子，也是他组织小伙伴们给大人帮忙，包完一家再包一家；晚上烤靶子，他发动大家去抱柴火……把整个春节，过得热热闹闹、有滋有味。

信誉楼当年还在海园市场老楼的时候，老楼后有家门诊。一次，张洪瑞看到一个年轻人拖着胳膊在那排队，疼得龇牙咧嘴，等大夫开药。他给了年轻人一个暗示，等他看完出来，张洪瑞把自己刻意积累收集的一个药方分享给他，建议年轻人试试。

第二天，一位八十多岁的老爷子，哆哆嗦嗦地来感谢他："孩子回去以后，连洗带熏，两个小时就睡着觉了，好了！"

20多年间长期参与信誉楼工会工作的寇迎春，受张洪瑞委托，多次处理或者经手对普通人的帮扶："这些事情，他只做不说。别说信誉楼的员工不怎么知道，有些事情，就连当事人都不知道是洪瑞和信誉楼在帮助他们。"

有一次，沧州当地报纸刊登了这样一件事情：沧州孟村回族自治县的一户人家，娶了个四川媳妇，这个媳妇生了三个孩子后就不知所踪了，一个男人拉扯着三个孩子度日。后来，这个男人生病去世，三个孩子成了无依无靠的孤儿。

从报纸上看到后，张洪瑞安排寇迎春去看看到底什么情况，"不提咱是信誉楼的"。寇迎春辗转了六七十公里，了解了一下，情况属实，就先给三个孩子留了1000元钱。那年过年之前，张洪瑞又安排他给送去了面、油、肉、菜等。第二年暑假，放心不下的张洪瑞跟寇迎春说："再去看看他们怎么样了，不行的话，咱们收留了这三个孩子。"

这次再去的时候，寇迎春没有见到那三个孩子，"问了一下当地人，他们说这几个孩子被好心人收留，去南方生活了"。

"洪瑞做过很多这样的事情，他一直跟我说，'咱不宣传，也不要回报，就是纯粹帮人家一把'。我敢说，那三个孩子自始至终都不知道是洪瑞和信誉楼在帮助他们。"寇迎春评价说，张洪瑞考虑事情很仔细，一下子就看到底了，"并且，他帮人的时候，会尽力引导对方走上一条自食其力之路。"

美国著名心理学家亚瑟·乔拉米卡利和哈佛大学心理学教授凯瑟琳·柯茜，在《共情的力量：情商高的人，如何抚慰受伤的灵魂》一书中说，"共情就是那道光，能穿透痛苦和恐惧的漫漫黑暗，找到我们生而为人的共通之处"。

以真为底色，用对方的思维方式走入对方的内心世界，切实为他人着想，就是张洪瑞的共情。

彼此需要：维持员工与企业关系的不仅是感情

张洪瑞说，维持员工与企业关系的不仅是感情，更是彼此的需要。这种对员工需要的承认与尊重，透露出浓郁的人本主义气息。

说到个人与组织的关系，信誉楼强调的是组织第一，个人第二，因为"皮之不存，毛将焉附"。但并非因此就要求员工一切以企业为重。企业在经营管理过程中对员工所提的任何要求，都不能让员工的利益受损，而是要从保护员工利益的角度出发来提要求。

年轻时，张洪瑞就乐于助人，干活不惜力气，挑海河时经常被评为模范。但他却不主张"大公无私"。张洪瑞曾用"子贡赎人"的故事，给主管们解释为什么不主张"无私奉献"：

在孔子的弟子中，有一个叫子贡的，还有一个叫子路的。子贡在弟子中最富有，子路在弟子中最贫穷。

当时的鲁国，为了恢复和增加国内人口，出台了一项政策，凡是国人在外沦为奴隶（战俘）的，由国家出资赎回。子贡因为家里富有，赎人都是自己出资，没向国家报销一分钱。社会上很多人对子贡的这种做法给予赞美，说子贡很爱国。

孔子听到人们的议论后，说："子贡错了。"别人听后很不理解，孔子说："子贡自己出资赎回国人，落了个爱国的名声，而那些穷的、赎不起的怎么办？因为没钱，即使知道亲戚在国外，也装作不知道。有钱的自己出资赎人，落了个爱国的名声，若是国家出资个人出力合作赎人，算不算爱国呢？国家政策目的，是鼓励国人赎人，而不在于出资。子贡无意间误导关注点，反而会让国家出台这项政策的目的没达到。"

一次子路救了一位落水的人。这家人很富有，为了表示答谢，送给子路一头牛，子路没有推辞便收下了。

同学们都认为，施恩图报非君子所为，纷纷到老师面前告子路的状。孔子说："子路做对了。做了好事得到回报，做好事的人会越来越多，如果认为做了好事要回报是小人所为，以后做好事的会越来越少。"

的确，子贡的"义举"不宜宣扬，子路的行为也无须批评，否则会造成道德困境，反而不利于社会环境的改善。在管理上，从道德高度要求员工，让员工无私奉献，向员工提出不符合其切身利益的倡导，其结果只能适得其反。要想让员工认可企业，希望员工能在工作时积极热情，就必须充分尊重员工的需要。

信誉楼要求员工做到切实为消费者着想，下面的两个案例，从员工接待顾客的角度，说明了不提倡员工奉献的道理。

有一次，张洪瑞来到桓台店，与部分员工进行座谈。座谈中，谈到维护消费者利益的时候，有一位员工很自豪地讲了自己接待顾客时的一个故事：

有位顾客从我们这里买走了一双鞋，穿了一段时间，把鞋刷干净晾晒的时候，风把鞋带给刮跑，找不到了。顾客来到柜台，向这位导购员说起这件事，看她能不能帮帮忙。但柜组已经不再经营这种鞋，也就没有这种鞋带了。导购员看到顾客失望的样子，想起自己也买过同样的一双鞋，于是她就让顾客等一会儿，然后快速跑到商厦后侧的宿舍里，从自己的鞋上把鞋带抽出来，跑回柜台，交到了顾客的手里。

员工不见得期望老董事长夸奖自己，但她肯定认为自己的做法是正确的，老董事长也会认可自己的做法。没想到的是，张洪瑞却直言不讳地对在座的员工们说："这种做法不值得提倡。"

某年的 6 月初，有一位黄骅的顾客给信誉楼打来电话，说想让水果组给进两个石榴，并说出了缘由：他的一位朋友的亲属病重，在生命的尽头想吃石榴，但他们跑遍了黄骅的商场和市场也没有找到，所以想让信誉楼帮帮忙。这个季节，石榴花刚开过不长的时间，根本不可能有新石榴。但既然顾客有需求，水果组还是赶紧和外地的水果供应商联系，结果令人失望。后来还是一位经理说，一些有石榴树的人家，说不定有放到现在的，提议在员工中问一问。随后，他们开始撒网式寻找。很艰苦，但功夫不负有心人，还真找到了。

第二个案例，后来被一位主管整理成稿件，发表在《信誉楼人》上。但张洪瑞看过之后却表示："这个案例刊登在《信誉楼人》上不妥，因为我们不能用这个作为标准来要求员工。"

张洪瑞是不是认为，上面两个案例中员工们的做法是错误的？

张洪瑞说，为别人着想没错，但这两个案例中导购员的做法只是个人行为，不是能在员工中推广的、可以长久做下去的做法，不能提倡。像那位给顾客鞋带的导购员，完全可以给顾客提供其他能够解决问题的建议，比如让顾客到经营鞋带的柜组买一双新鞋带，顾客并不会感到不满意。再一个，你这次把鞋带给了顾客，万一再有顾客来要，你还给不给？其他顾客听说以后，有类似情况来向其他导购员索要自己丢失的东西，其他导购员是不是也能像这位导购员一样做到无偿奉送？如果不能，满怀希望而来的顾客会怎么想？找石榴的案例也一样，无私奉献并不是所有的员工都能做到的，而作为一个不能普及的个案，是没有必要让大家来学习的，更不宜做宣传。

信誉楼不提倡员工"做雷锋"，当然，对于热爱企业，愿意无私付出的员工，信誉楼的做法是：不让雷锋吃亏。也就是，一定要让员工的付出有相应的回报。的确，那些不爱计较得失的员工、肯下功夫钻研工作的员工，都切实体会了信誉楼经常提到的一句话：多干了就是多赚了。

有一次，一位朋友找到张洪瑞，对他说，信誉楼的柜组主任们太不容易了，出差多，而且又大多是在晚上的十一二点甚至凌晨两三点出发，这时别人都在舒舒服服地睡觉，他们却要爬出被窝出门，尤其冬天的时候更不容易。这位朋友建议张洪瑞关注一下，主任出差的补助是不是需要增加。张洪瑞感谢这位朋友的提醒，随后他马上找来时任总裁，和她商量这件事。

其实，信誉楼的柜组主任以前的出差补助标准，包括夜间补助标准，已经不低了，最起码，比其他企业要高出许多。时任总裁安排相关主管进行统计后，向张洪瑞做了汇报。

最后张洪瑞决定，在原来的基础上进行较大幅度的调整——显然，这个上调幅度连出差的主任们都感到意外。在这个过程中，张洪瑞和主管们说：员工们的辛苦，我们一定要重视，认识到了就要有所体现，千万不能让员工们觉得领导不清楚、不关心自己的付出。

诚信：言必信，行必果

诚信一词，由诚与信组成。诚实、真诚、忠诚谓之"诚"；诚实无欺、实践诺言谓之"信"。"诚信"，人之品性之谓也。

"诚"与"信"之间侧重点不同。"诚"是为自己的，"信"是为他人的。"信"字有"诚"字所没有的含义，就是信任关系。信任关系只有在两个主体之间才能建立。要么是自己信任别人，要么是自己得到别人的信任。使别人信任自己，你的一言一行可以为别人所相信，你就有了信誉，也就会使得越来越多的人信任你。

张洪瑞的诚信，来自他敢于承担责任，言必信，行必果。

21岁那年，张洪瑞到南大港肉组当会计。站长性格柔和，让张洪瑞辅助管理，实际上行使的是站长权力。张洪瑞实诚、能干，也敢主事，不管多横的人，都服气他。

不到一年时间，张洪瑞已是名声在外：正直，公家的一点不沾；账务准确，肉组利润比别处都高，且利润稳定；主动多干，样样拿手，敢于承担责任。

当时的商业局局长，有一天专门去南大港肉组考察他。不巧，张洪瑞上闫家房子赶集卖肉去了，被大雨截到了外边。局长很遗憾："我专门来看小张，他还回不来。"同事们却非常肯定地说："他今天一定回来！因为明天是南大港王徐庄子集（那阶段国家号召要多卖肉，张洪瑞逢集必去）。"

结果，路上太泥泞，车子推不动，张洪瑞是光着脚走回来的。同事的信任，基于他一贯的表现。这件事更加深了局长对张洪瑞的好印象。

在楼西二队当队长时，大队书记希望在西洼搞条田（为保持水土和防治自然灾害而建设的一种长条形农田），他很支持，于是就跟社员们商量，有人质疑："他们不就是看咱二队地多，想吃咱吗？"张洪瑞说："搞条田之后，咱们的地比原先还得多，只会更好！"有一个号称"祸头"的社员较劲说："洪瑞啊，要是办成条田，咱粮食产量受了影响，你负得起责吗？"张洪瑞坚定地回应："我负责任！不多打，我都负责任！"

二队共有200多亩土地，那时能打八九万斤甚至十来万斤粮食，别的队更少。张洪瑞非常自信地承诺："多了不敢说，打15万斤没问题！""得多少年呐？""最多五年！"见张洪瑞如此坚定，号称"祸头"的社员积极响应："大伙听着，队长给咱许下了，咱必须支持队长！"

结果到第三年，二队生产粮食就超过17万斤。

2007年信誉楼发行优先股，目的是让全体员工共享企业经营成果。社会上想来投资的大有人在，但信誉楼不收，就想把这个好处给自己的员工。员工们没想到，在年底分红时，分红比例大大超出了公司起初的承诺。

张洪瑞说："我希望自己的话具有威力，要求大家能对我的话做出积极、快捷的响应。从年轻时起，我就从没有亏待过信服我的人。凡按公司要求去做的人，我保证绝对不让他吃亏——以往的事实也充分证实了这一点。"

在中国传统的道德规范体系中，诚是信的基础和前提，故有"不诚者失信""诚故信"之说。在古人看来，一个人只有诚"有于己"，方能信"见于物"；只有诚于内，方能信于外。

正是因为张洪瑞做得到知行合一、言行合一、心口如一、始终如一，他才能够自己活得坦荡，并得到别人的信任。

威信：敢作敢当、坚持原则、信念坚定、热爱事业

张洪瑞说："作为管理者要想有威信，首先你得说了算。如果你是个好好先生、怕得罪人，人们就不服气你；把权力用起来，敢作敢当，才可能树立威信。"

张洪瑞当生产队长，一言九鼎。

二队有爷仨，三个整劳力，在队里占的比例很重，把自己当成特殊人物，张扬、霸气。上一任队长对他家都是捧着、敬着，张洪瑞不听那一套，一视同仁。

生产队刨葱的时候，他们二队按斤秤算工分。这家的老二过秤时老是带着泥疙瘩。一过秤35斤，张洪瑞就给他喝（hè）"30！"明着刨分量，他一声不敢吭。张洪瑞称个人的葱，社员们从来没瞅过，他们知道他不会给自己便宜。

队里冬天铡完草泥垛，一个大爷在草垛顶子上泥，张洪瑞在下边供泥儿。大爷开导他："我不是说吗，别伤人。多一个朋友，多一条路。"张洪瑞接着话茬顶回去："少一个香炉碗，我就省一炉香！"

最后那一家子都调队了。几年后，那一家子所在的那个生产队因为选不出队长来，公社做主解体，把社员分给其他三个小队。这一家子谁都不愿意

要，公社派人来做张洪瑞的工作，让他们家还回二队。张洪瑞爽快答应，一家人十分感激。后来两家关系处得非常好。

在张洪瑞看来，坚持原则是树立威信的必要条件。

楼西二队之所以干成全县优秀，很重要的一个原因是"人心齐，规矩大"。张洪瑞事前讲民主、事后讲集中，而且执行制度一根筋。为了治懒治散，规定不允许迟到，否则扣工分。

有一次他亲叔叔迟到了，被扣了一分工。因为没提前告知，叔叔到生产队记工的时候才知道。老爷子平时干活勤勤恳恳，见亲侄子这么不讲情面，很是生气，扭头就走，很长时间没理他。

在管理上，张洪瑞功是功、过是过，一码归一码，对事不对人。事后他去给叔叔做工作："你老想想，我要是亲疏有别，咱二队能干这么好吗？"此后叔叔在背后评价他就说："还是树枝（张洪瑞小名）大人大量！"

企业曾经处理过很多赌博违规的人员。有的跟他感情很深、很亲近，有的是经理级干部，即便如此，也都被免职、收回股权，每人损失很大。

张洪瑞曾在一次会议中强调："作为干部，只有坚持原则，才能真正树立起自己的威信。一味迎合、迁就，只会令下属瞧不起你。有位碰壁的经理，到现在还认为自己是所谓派系斗争的牺牲品，认为是有人在背后蓄意算计了他。岂不知，旁人从未在背后谈论过他的长短，倒是他自己的下属多次写信，举报反映他太无原则，管理太松懈，跟他干工作没劲。"

张洪瑞之所以有威信，是因为他总是能够解决遇到的各种难题。

他当生产队长时，脱粒机一个大队就一台，各小队轮着用。杂交高粱脱粒这活总是尘土飞扬，即使用毛巾捂着嘴，鼻子、耳朵、嘴里也会进去不少土和细毛刺，又脏又痒，所以谁也不愿意干。

别的队需要脱粒两万来斤，那台脱粒机就得占用好几天。他们队要脱粒三万斤，张洪瑞提出用小包工，一晚上就干完。一千斤粒一个工，自愿报名，最多用五六个人。他爱人为了多挣工分，也主动报名。几个人铆足劲，一个夜班就干完了。

下年他还是这个办法，一直延续下去，社员不用担心变政策，干得特别情愿，效率提高一倍还多。

张洪瑞认为，要树立威信，最重要的是"要用坚定的信念和对工作、对事业的热爱和激情去感染、带动下属。成绩有了，威信自然就树起来了"。

创业初期不管企业遇到多大难题，张洪瑞一直充满着正能量，都是说咱越干越好，特别坚定，从来没让大伙觉得恐慌，大家都愿意死心塌地地跟着他干。

他在前边一直是一个坚定的引领者，有了强大的影响力、号召力，后边这些人就坚定不移地追随。

山东区域总经理曹茂全，是当年张洪瑞"挖"来的第一个高学历人才。1989年夏天，曹茂全中专毕业后正在等分配，张洪瑞到家里请他，让他来信誉楼先干着，等分配好工作再走。

结果，曹茂全一进信誉楼就再也没离开，一直干到现在。他说："对于老董事长，我们从来没有怀疑过，也没有不满意过，有一种不带任何附加条件的信任。"

创业初期，张洪瑞常常跟大伙儿一起干活。

他们一起出摊儿赶集，寒冬腊月赶庙会住帐篷，有他在，大家没觉得冷。每次卸货、搬货，他一马当先。他有力气也会用劲儿：点心箱，女员工扛一箱他扛三箱；卸啤酒，他在车上给下面的人往肩上放，下面的人接得特别轻省，大伙都乐意上他跟前，很轻松地扛上就走了。他不时地鼓励几句、讲个笑话。整拖挂的货，不知不觉就卸完了，大伙儿还挺快乐。

他曾用时任黄骅体育局局长的例子，跟大家讲怎么树立威信："1986 年前，王局长曾担任黄骅中学体育老师 10 年。那时，他带出的篮球队多次代表黄骅外出参赛，并取得优异成绩，使黄骅成为体育先进县。如今，不论他走到哪里，只要当地有原球队的球员，都会盛情接待他。那些球员至今仍爱戴他、怀念他。为什么？因为他当初和球员们一起摸爬滚打，靠对工作投入无限的热情，带领大家获得了荣誉，在球员心中树立起了威信。那份成就感和荣誉感，使大家对他热爱、怀念。"

向心力：吸引力法则

以连续性（自发生以来从未中断）、兼容性（多民族多文化）、非宗教性（没有产生出一种普遍主义的一神教）为特征的中国文明，为什么能够绵延几千年？

解释有很多。在《惠此中国：作为一个神性概念的中国》一书中，中国社会科学院哲学研究所研究员赵汀阳，提出了一个以向心力为特征的"旋涡模式"：早期中国的四方万民，为了争夺最大的物质利益和最大的精神资源进行的博弈活动，形成了以中原为核心的"旋涡"动力模式，旋涡一旦形成，就具有无法拒绝的向心力和自身强化的力量，从而使大多数参与者既难以脱身也不愿意脱身，终于形成了一个巨大的旋涡，因而定义了中国的存在规模和实质概念。

这固然只是解释中国精神世界内在动力学说的一种。但基于向心力的吸引力法则，却为我们理解张洪瑞以及信誉楼，提供了一个极具启发性的思路与视角。

　　以真为活法的张洪瑞，是原点。他以真实为生命底色，以"耕耘心态"认知规律、尊重规律、把握规律，切实为他人着想，不管在生产队还是在信誉楼，都具备极高的威望与信誉。

　　他是一个强大的磁场，吸引了一群喜欢、欣赏、向往这种生命状态的人。或者说，同样具备真实底色的一群人，因向心力而汇聚为一个高能量场。

　　最初被张洪瑞吸引的，是离他最近的一群人，他们或者是他的亲戚，或者是他的邻居，或者是他的朋友，总之，基于熟人社会的关系纽带，这个能量场开始慢慢蓄积。

　　张洪瑞以他的共情、诚信、威信，影响了他周围的人，这群人进而互相影响。当能量积蓄到一定程度时，外溢效应不可避免地产生。这个人影响了他周围的人，那个人也影响了他周围的人，周围的人又影响更多周围的人，裂变发生了，更多喜欢、欣赏、向往这种生命状态的人被吸引过来，并在客观上为这个能量场发光发热。

　　正向循环一旦开启，必定超越熟人社会的既有关系。当人员越来越多、规模越来越大、能量越来越强时，势必需要通过共同认可的核心价值观，保证这个能量场的发展方向。

　　在将核心价值观自上而下、自下而上循环宣贯、达成共识的过程中，机制形成了，体制产生了，战略确定了。

　　这就是作为张洪瑞个体的世界观、人生观、价值观，到以社会组织形式存在的企业（也就是信誉楼）的核心价值观的派生和发展过程。

　　赵汀阳认为，"旋涡模式"能够解释为什么古代中国并非扩张型的帝国却能够不断拓展，其秘密就在于，中国的扩展不是来自向外扩张行为的红利，而是来自外围竞争势力不断向心卷入旋涡核心的礼物。

不谋而合的是，信誉楼也不是一家扩张型的集团公司。在关于企业发展原则的释义中，信誉楼明确表示：我们崇尚"基础决定楼层"，不赞同"超常规"发展。40年来，信誉楼保持着平均每年不到两家新店的开店节奏。并且，信誉楼开新店也不是为了扩大规模，而是为了给成长中的干部、员工提供更多的机会、更大的舞台。

这种因共同的目标、愿景、价值观而产生的向心力，让信誉楼具有了一种与众不同的气质。

中国传统文化的理想人格追求，就是"仁"。

何谓"仁"？哲学史家、清华大学哲学系教授陈来认为，仁有多种多样的表现形式：在伦理上是友好、博爱、慈惠；在情感上是恻隐、不忍、共情；在价值上是关怀、宽容、和谐；在行为上是和平、共生、互助。

以这些标准来衡量张洪瑞的人生活法，借用孔子的话说就是"近乎仁"。

北京大学哲学系教授杨立华在《中国哲学十五讲》一书"自作主宰：陆九渊的哲学"这一讲中说："在现实生活中，我们考虑任何问题都是对各种要素的权衡、综合，在各种权衡、综合中，对发心动念那一念之微的分辨是至为关键的。做一件事'最根本目的是什么'，初心是什么，这是君子小人的分野。……人的行为，这一念之差、一念之微是分辨善恶的根本：你到底是想成为一个好人，还是想成为一个坏人，你到底是出于利之心，还是出于义之心，你到底是出于公，还是出于私，都在这一念之微。这是陆九渊最发人深省、最震撼人心的地方，这一念之微的分辨是心学得以挺立的根由所在。"

那么，以张洪瑞的活法为原点，信誉楼的初心即一念之微，是什么？信誉楼是如何讲诚信的？信誉楼是如何不断磨炼信誉这块金字招牌的？

一句话，信誉楼与众不同的气质，到底是如何形成并日渐强化的？

信誉

信誉楼的最大"秘密"

02

信誉楼为什么是这样的，我想主要是我的人生观使然，信誉楼的核心价值观是在我人生观的基础上派生和发展来的。

——2006 年张洪瑞在北京大学光华管理学院 MBA 班的演讲

在中国，1984 年是一个充满希望的年份。

中国社会主义改革开放和现代化建设的总设计师邓小平提到，"允许一部分人先富起来"。后来这句话还被无数次提及。这一年，党的决议里第一次出现"商品经济"。经济领域的成果，是国民经济在 1984 年迎来快速反弹，中国的商业周期到达改革开放后的第一个巅峰。

在财经和商业领域，1984 年也被称为"企业家元年"。王石、张瑞敏、柳传志等人投身下海经商浪潮，万科、海尔、联想的前身接连成立，史玉柱、段永平等人即将前往珠三角创业，任正非也在这一年离开了部队，复员转业南下深圳这片热土。

1984 年春，黄骅县政府在市中心位置开始筹建新兴市场（现在的海园市场），主持这项工作的是时任常务副县长夏相臣。

这时候，因生产队解散，带领几户农民办了一个小鞋厂的城关公社楼西大队第二生产队队长张洪瑞，本打算找几间门脸房卖自己生产的鞋。他来找自己的老上级夏相臣，询问自己看中的几间房，会不会受市政规划的影响。

夏县长答复："你别买那房子了，我正在筹建一个市场，你来市场里干商业吧。"从未经过商的张洪瑞问："我经商行吗？"夏县长是城关镇原书记，对这位原属下非常赏识，他肯定地说："没问题！"

但农民出身的张洪瑞，对经商完全是一个外行，加之当时社会上流行"无商不奸、无奸不商"的说法，所以在一开始时，他怀疑自己不是块经商的料。

当时有一位乡邻贾毓忠，曾是黄骅县商会会长，他对张洪瑞语重心长地说："洪瑞呀，社会上是有'无商不奸、无奸不商'的说法，但那是说小商小贩的。确实有些小商小贩是靠短斤缺两、掺杂使假赚钱，但大商不奸。"

贾毓忠接着说："在商言商，无利不起早。任何一个商人，都有利益诉求，都要赚钱。这是商业规律。不过，获利、逐利得有法、有道，才能真正掌握好、运用好商业规律，才是好商人。越是大商人，越要坚守经商之道。而只有坚守这个道，才会成为大商人。"

老先生那句"大商不奸"触动了张洪瑞："对，都说'无商不奸、无奸不商'，我偏要反其道而行之，以信誉作为自己企业的立身之本。"于是，他决定经商，并且为自己将要注册成立的商场，取了一个古朴、实诚的名字——信誉楼。

从开业起，张洪瑞就为信誉楼定下了坚持走诚信经营的路，在以后的经营过程中，又明确了"以信誉为本，切实维护消费者和供应商的利益"的经营宗旨（最初版本是"以信誉为本，切实维护顾客的利益"，因为当时是卖方市场，信誉楼作为一家小企业，需要围着供货单位转，还谈不到维护人家的利益）。

接下来的 40 年里，张洪瑞无数次对下属、社会朋友说过：我们不反对别人去投机，但我们选择了走信誉的路子，就要毫不动摇地走下去。

他不止一次说过，信誉楼只要始终做好"切实为他人着想；把主要精力放在做企业而不是赚钱上"这两条，企业就一定能够健康长寿。

这种信心来自企业的核心能力，即"不依靠'能人'，拥有能够源源不断地造就具有团队精神人才的文化、组织和制度。"具体来说，就是以人为本的企业文化、教学型组织和人力资本股权化的制度。

信誉楼这个名字本身，就告诉了我们它成功的原因。

曾任中国商业文化研究会道德建设委员会副会长的蒋定坤，2001 年在筹备全国诚信建设交流会时，与张洪瑞相识。

如今担任信誉楼独立董事的蒋定坤感慨："做企业的道理，人们说得多，懂得少，做到的少之又少，做得好的凤毛麟角。信誉楼就是踏踏实实做好的那一类，所以信誉楼成功了。"

在他看来，影响企业健康的因素主要有两点：其一是基因；其二是基因的维护与传承。"信誉楼创始人张洪瑞，把自己对人生价值的追求，凝练成企业的灵魂，形成了企业的基因密码。为了维护基因的传承，信誉楼建立了明确的理念体系，培育了一批批高素质的管理团队，并通过一系列制度保障，强化了组织理念的行为转化。"

蒋定坤表示："有了健康的组织、优秀的人才，以及以信誉为本的经营宗旨和独特的商业经营模式，企业的发展之路必定越走越宽。"

夯实基础：开业六年不盈利，却宣布信誉楼成功了

1984 年 6 月 9 日，信誉楼完成工商注册获颁营业执照——后来，这一

天就成为信誉楼的司庆日。

8月1日，黄骅城建局的市场规划出台，第二天，信誉楼便在有关部门的丈量中打下了基桩，开始施工。

同年9月，在楼房施工建设的同时，张洪瑞租下了黄骅城关信用社的四间临街房，开办了信誉楼综合门市部，经营食品和日用百货的批发及零售业务。这是在为正式开业做准备，他要在这里进行战前练兵，适应商业环境。

当时信誉楼招收了30人并进行了为期半个月的集中培训，聘请贾毓忠、贾荣钧等本县和天津的商业行家讲课，并集体到天津的劝业场等大型商场参观学习，为上岗营业做准备。

1985年元旦，在黄骅新华路43号，信誉楼正式开业。在一段拍摄于1994年的影像中，可以看到，大楼最上方，挂着公司名字"黄骅市信誉楼综合贸易公司"，而在中间最显眼处，赫然挂着的是字号更大、更为醒目的"信誉为本"四个大字。

开业当天，楼门前人头攒动，人们争相目睹这一新生事物的诞生——之所以称新生事物，是因为这是黄骅第一家规模尚可的私营企业（当时被人称为个体户），而且是一家由响应政府"农民进城经商"号召的农民投资兴建的企业。

典礼仪式一结束，早已围成风雨不透之势的人群拥进了楼门。仅仅两层共280平方米的营业面积，狭窄的楼道，根本应付不了人们巨大的热情——也许称之为好奇要准确得多。柜台被挤得歪七扭八，甚至楼梯的扶手都爬上了人。不得已，大门只好关闭了好几次，放出一拨，再放进一拨。

大楼的设计者也在场。据说，面对挤作一团的人流，工程师出了一身冷汗。他担心自己设计的这座楼，是不是有这样大的承载量。楼的质量很好，平安无事，工程师长舒了一口气。

从这一天起，张洪瑞和他的信誉楼队伍，正式踏上了一条对他们来说完全陌生的道路。这群经商门外汉，在改革开放初期，私营企业的发展还不明朗的背景下，开启了艰难的探索。

高怀波撰写的《十五年耕耘》中的一些描述，足以把我们带回那个举步维艰、摸爬滚打的创业阶段：

"一位采购人员到南方买棕丝，到达目的地后才知道没货。无奈，只好乘车返回。返回前，他将空白的供销合同交给了对方，请对方在有货后代办。谁知一段时间以后，整整两车皮价格远高于市价的甘蔗从南方发了过来……这群憨厚朴实的庄稼人，为了能使自己成为标准的商人，付出了昂贵的学费。"

"批发部的贾兆合赶着骡车下乡送货。到一家门市部时，老板反感地挥手拒绝'去去去！信誉楼算什么玩意儿？我不要你们的货！'贾师傅还能压下性子好言相对，跟去的女职工却气得眼里冒出了泪花。"

"信誉楼从开业起，就按期如数交纳各类税费，但和国营、集体企业相比，所承担的数额明显极不公平。这使它本就脆弱的体质难以承受，几乎是给信誉楼的经营形势雪上加霜。作为总经理，张洪瑞不得不费尽心思为企业谋求宽松一些的生存环境，给县领导写信求助……"

"当时，管理问题同样非常严重……一次次的失误、一次次的错误，就像一次次的锤炼。信誉楼在这千锤百炼中顽强地成长了起来。总经理从一开始便坚持的进销一体的业务方式，既减少了大的失误，同时训练出了大批的业务人才；逐渐摸索着完善财务账务制度，寻找堵塞漏洞的方法；针对工作中出现的各种问题，一点点建立初具模式的规章制度……"

信誉楼开业后的艰难岁月，一直延续到1990年。在这一时期，信誉楼的账面上一分钱的利润也没有。但从另一个角度说，信誉楼这六年并没有赔——损失的，是有形的资产，而赚取的，却是包含信誉等在内的宝贵的无形资产。

虽然开端确实无比艰辛，但张洪瑞真实的感受并非完全如此。因为他创办企业的目的，不是发财，所以不急躁、不气馁，就按照做人的本分和事物的规律，一步步往前摸索。

经过六年探索，到1990年信誉楼账面利润还是零的时候，张洪瑞却在职工大会上自信地宣布："信誉楼成功了！以后无论市场发生什么样的变化，信誉楼的利润将直线上升！"

张洪瑞说，成功的标志主要有三个：一是创下了一块被广大消费者认可的、信誉楼讲信誉的牌子；二是造就了一批基本熟悉经营管理的干部职工队伍；三是探索了一套行之有效的管理模式。

当时很多人议论，信誉楼前几年是白干了，因为一分钱没赚。但张洪瑞却认为，信誉楼这几年的收获是无价的，信誉将在以后的经营中获得难以估算的效益。这一点，在后续经营中得到了很好的验证。

张洪瑞还认为，企业挣钱主要有两条路，即靠投机和靠信誉。在市场经济尚未成熟以前，不可避免地会出现一些无序现象。但社会上的欺诈越多，信誉就越珍贵，因为社会需要信誉，人们呼唤信誉。可以看到，今后信誉铺成的路会越走越宽广。"当信誉在社会上还属于稀缺资源的情况下，谁拥有了它，谁就拥有了成功的资本。在信誉楼开业将近六年的时候，虽然账面上没有一分钱的利润，但却创下了一块让社会公众认可的、信誉楼讲信誉的金字招牌，所以我敢说信誉楼成功了。"

后来的事实，证明了张洪瑞的远见卓识。从那之后，信誉楼1991年的利润为20万元，1992年40万元，1993年80万元……

核心能力：不依靠"能人"，依靠文化、组织和制度

信誉楼是一个管理型的企业，强调业务要在管理下开展。对于这种运行方式，张洪瑞曾解释说："业务要在管理下开展，说白了就是，不是谁挣钱谁说了算，而是支持系统说了算。"

他多次提醒："安排人员时，要把能力强的安排到后勤科室，加强支持系统的能力……如果企业由前勤说了算，支持系统还有什么用？支持系统不能把业务统一管理起来，企业岂不是要乱了套？"

的确，如果经营行为由前勤说了算，那么就会不可避免地出现一些短期行为，危害企业的长远健康发展。

比如商品的广告宣传，不论商品类型，还是宣传形式，甚至宣传内容的确定，最后的决定权不在经营商品的前勤，而是在公关管理部（现为营运部），应该由公关管理部本着企业的原则来做决定，这可以防止虚假宣传的出现。

比如用什么样的人，前勤可以提名，可以建议，但把关的是人力资源部门。因为前勤为了业务效果，可能会只从业务能力上考虑，而人力资源部门则要从企业整体用人原则上进行考虑，不光是业务能力，更重要的是对企业理念的认可。

所以说，让后勤系统的能力强大起来，掌控前勤的经营活动，才能保证所有经营活动，都是在符合企业理念的原则下开展的。

机制的原意，是指机器内部各零部件之间相互作用和相互制约的关系，借用到企业内部，是指企业内部各部门之间相互作用和相互制约的关系。百货企业内部，一般分为前勤操作系统（业务）和后勤支持系统（管理），企业日常的运行机制，指的就是企业为日常经营活动制定的一套运行方式，包括

建组织、定制度，确保企业正常运行。

信誉楼建立组织的基本思路是：从解决现实问题的角度出发，讲求实用、有效，体现后勤对前勤的管理思路。

信誉楼的组织结构是在没有参照的情况下，根据日常需要，一个部门一个部门逐步摸索着建立起来的，而不是看别的企业设什么部门自己就设什么部门。

这其中的典型代表就是财务管理室和督查办。

财务管理室是信誉楼从供销系统中借鉴而来的。当时为什么会想到设立这样一个部门呢？因为张洪瑞在经营过程中发现，原有的财会室只是对出入账数据进行管理，而对由各柜组自行掌握的库存、定价等的管理都是空白，这样就存在很大的漏洞。

于是，他把当时一名最优秀的柜组记账员抽调出来，由其负责成立财务管理室，建立和完善柜组内的账务制度，明确由财务管理室对柜组账务进行管理。

这一极少在其他企业中见到的部门，高度匹配信誉楼具有鲜明特色的进销一体的业务方式。从信誉楼创立之初到2020年事业部制调试之前，财务管理室发挥了极其重要的作用：使信誉楼的定价制度等各项经营举措得以落实，预防了库存失控等财务风险，也在一定程度上保证了基层干部不犯廉洁方面的错误等。

后来，这一部门设置，被黄骅各商家及周边地区许多商家普遍借鉴。

督查办是一个类似纪检、检察的部门。

虚报进价是企业经营当中的一个恶瘤。从各企业的现状来看，这是一个谁都想解决但又不易解决的问题。信誉楼设立督查办的目的，一是保证商品进价合理，二是保护干部。

督查办成立，源自信誉楼内部发生的一起较大的廉洁事件：一次，一位基层主管怀疑他人有虚报进价行为，向公司进行了举报。但经过调查，他举报的事件存在的可能性不大。过了一段时间，这位主管看到自己举报的那个人没有受到处理，心理上失衡，于是自己开始干起了虚报的事。发展到后来，这个人又发动身边其他进货人员一起虚报进价，吃回扣。事情败露后，有好几名基层主管被企业劝退。企业不光遭受经济损失，还遭受了巨大的人才损失。

随后，信誉楼安排了负责调查商品进价的人员，之后又正式成立督查办，并选择熟悉进货流程和市场情况、善于谈判的商品部经理担任督查办经理，选择有进货经验的柜组主任担任督查人员。

凡出差人员回到公司后，必须在规定时间内上交报单，上面填有详细的商品名称、型号、价格、进货地点甚至乘车路线等具体内容。督查人员拿到报单后，到进货地点去按上面所标明的内容，以进货人的身份与供应商谈价格，从而摸清柜组主任的进货价格是否合理。

对于督查人员，则采取"利益驱动"的方式鼓励他们的工作。非常可观的经济收入，可以让督查人员有积极的工作热情。督查办成立以后，廉洁问题在信誉楼得到了有效的控制。

督查部门把自己定位为"啄木鸟"："我们其实是站在流程之外，看待整体流转，间接地维护顾客利益。"

在 2020 年事业部制调试之前，信誉楼业务运作的组织形式，是进销一体、自采自营。

采用进销一体经营方式的时候，柜组是业务开展的主体。信誉楼的这种业务经营方式，被业内人士称为"把支部建在连上"。

对于这种经营模式的设立，张洪瑞认为，经营中最重要的工作，就是研究顾客的需求。研究市场，柜组是最接近顾客的，他们最了解顾客的需求是什么，最了解市场的流行趋势是什么，把经营权下放到柜组，可以充分保证商品结构合理，给顾客提供他们所需要的商品。

在以柜组作为业务开展主体的情况下，柜组主任是信誉楼权力最大的人——有选择供应商的权力，有引进具体商品的权力，有对商品库存进行调整的权力。

的确，他们的权力确实大。但他们毕竟只是前勤最基层的管理者，那他们的上级是干什么的？上级的主要职责就是：培训。

信誉楼所用的培训方式，一是最原始的师傅带徒弟，二是充分授权。

先说说师傅带徒弟。信誉楼从 1999 年提出建设教学型组织，重点强调上级对下级的培训作用。每位新人来到岗位，都会安排一位师傅，按照公司制定的培训流程，进行一对一的培训，这样可以保证在一定时间内，他能掌握自己所在岗位的工作重点以及操作方式。

充分授权也很简单，就是让他自己去操作，去试错，从试错中总结经验教训。张洪瑞常对主管们说这样一句话："如果你不给下属试错的机会，就等于剥夺了下属成长的权利。"新人成长，交学费是必须的，只有这样，新人才有可能真正成长起来。

组织的设立，是以达到经营管理目的为原则的。企业经营的重点是顾客，是商品，这些都能在柜组体现出来。所以，在当时的历史条件下，信誉楼才会制定并坚持以柜组为主体的经营模式，把权力下放到柜组。

组织的基础是制度，组织是为了落实各项制度而存在的。保障企业良性发展的，是合理的、符合事物发展规律的、符合本企业特点的制度。

从信誉楼的这几项具体制度，可以看到张洪瑞当时的出发点。

比如，设立督查办所要达到的效果，是预防不廉洁问题的发生、保护干部，为此，信誉楼除制定具体的操作制度，使得日常的督查工作运转起来以外，还制定了配套的廉洁管理办法和奖金分配方式——这都是从新加坡借鉴过来的。

廉洁管理办法规定了不廉洁行为将会产生的严重后果，由负责的人力资源部门，向刚刚担任柜组主任的员工讲解，经柜组主任本人签字后，在人力资源部保存。奖金分配则采用延后发放的形式，如果有了不廉洁行为，除了将被劝退，从被发现之日起，之前所有待领取的奖金获得权，也都将被剥夺，这就加重了不廉洁的成本。

信誉楼严禁任何形式的赌博行为，并曾为此辞退过好几位主管。严禁赌博，不光是为员工个人着想，也是为企业安全着想，因为作为商业企业，员工大都直接和钱打交道，而赌博很容易"出贼性"。

企业要为员工建立积极健康向上的环境，所以信誉楼制定了《企业内部员工不允许请客送礼的规定》——请客送礼不仅仅是个人之间的事，它也是关系到企业内部打造纯洁环境的大问题。

这些从信誉楼自身特点出发的制度设计，切实有效地保证了企业的健康运转。

而"不依靠'能人'，拥有能够源源不断地造就具有团队精神人才的文化、组织和制度"，正是信誉楼的核心能力。

关于信誉楼以人为本的企业文化，我们将在下一章进行详细阐述，本章主要围绕信誉楼的教学型组织和人力资本股权化的制度展开。

教学型组织雏形阶段：从职工业校到《信誉楼人》店刊

信誉楼的企业使命，是"让员工体现自身价值，享有成功人生"。信誉

楼的企业愿景中，把"员工健康快乐"与"企业健康长寿"放在同等重要的
位置。

以人为本的信誉楼，把人写在企业的核心理念中，也必然会围绕着人来
营造企业的小气候。张洪瑞说，他创办信誉楼就是"为大家搭起一座舞台，
大家来唱戏，都唱得大红大紫"。如何才能唱得大红大紫？题中应有之义，
就是人的成长。

企业的竞争，说到底就是人才的竞争。企业的兴衰，固然有宏观经济
形势、市场竞争环境等外因的影响，但归根结底要看企业内部有没有吸引人
才、培养人才、成就人才的优秀机制。

信誉楼建设教学型组织，既是创始人的初心与追求的体现，也是企业发
展的根本与需要，是信誉楼"切实为他人着想"理念在员工身上的直接体现。

信誉楼 1994 年成立的职工业校，是教学型组织的雏形。

一家当时规模极小的民营企业，却大手笔投入十几万元成立业校，常年
聘请特级教师讲课，讲授从企业理念到市场营销，从唯物哲学到卡耐基成功
之路等各方面知识，并激励每位员工上台演讲，锻炼表达能力、心理素质。

只有从信誉楼企业理念的角度出发，才能真正读懂这些举措背后的长期
主义考量。

那时候，信誉楼刚刚盈利没几年，各方面资源都还比较匮乏的情况下，
在信誉楼修建第二商场时，张洪瑞就在四楼设计了一个主要用作业校教室的
大厅。

现在回头来看，当时的培训都是"问题导向"，基本上碰到什么问题讲
什么问题，培训是随机性的，并不系统。

而随着市场经济的发展，张洪瑞越发认识到提高员工素质的重要性。成

立职工业校之后，张洪瑞聘请退休的中学特级教师王国选作为业校的专职教师，坚持长年授课。从此，员工培训走上了正规化道路。

职工业校建校初期，一没有教材，二没有经验，大家摸着石头过河，逐步探索，从报刊、书籍上找来案例或从工作中收集案例，教师把这一部分教案编订成册，进行讲授，题名为《现代营销》；因为张洪瑞总爱用哲学的观点思考问题，于是请来哲学教师专门讲授辩证唯物主义；为了让领导者虚心听取下属意见，以便集思广益办好企业，甚至讲过《邹忌讽齐王纳谏》等古文。总之，这个时期的员工培训是边实践边探索的。

初期的业校学习，是带激励性和强制性的。那时，每周六、日的晚上，各有两个小时的课程，凡能按时上课的员工，每人每晚奖励两元，在课堂上主动发言者，每发言一次再奖励一元。

每年年终，还要举行一次隆重的"总经理特别奖"颁发仪式，总经理亲自为获奖员工颁发一份不菲的奖金或奖品。奖励会发给四种人——全年参加业校学习次数多的、在业校上发言次数多的、为店刊《信誉楼人》投稿多的和发表稿件多的（这些获奖员工，现在绝大多数成了公司的中高层领导）。

而对于那些能够参加却不参加业校学习的员工，要给予严肃处罚。为强调学习的重要性、维护制度的严肃性，信誉楼在当时员工总数只有200多人的情况下，曾因此一次劝退20余人。张洪瑞解释说："我宁愿现在因强制学习而被某些人骂，也不愿让大家以后因在信誉楼没有增长才干而埋怨我。"

1995年1月，店刊《信誉楼人》正式创刊。

这是员工们自编、自写、自读的月刊。其办刊宗旨是弘扬企业文化，树立企业形象，提高员工素质。

员工们在《信誉楼人》上，可以自由谈论自己的思想和生活感悟，可以愉快地交流自己的工作经验和学习心得，可以公开地批评公司内某些不良现象，也可以直率地向公司的各级领导甚至总经理提出批评或建议。

为鼓励员工投稿，凡发表的稿件都付予稿酬。

《信誉楼人》是公司内部资料，但应某些单位和友好人士之请，每期都有少量送出赠阅，因而在社会上也产生了很好的反响，为信誉楼树立了良好的企业形象。

从创刊至 2023 年 9 月，每月一期的《信誉楼人》从不间断，已经发行了 345 期，每期字数在 3 万～5 万字，内容板块十几个，真正成为"企业文化传承的阵地、经验心得共享的平台"。

这一切都是为了什么？

大概至今还有许多人不理解，甚至会有人耻笑信誉楼的领导者务虚不实。如果谁有这种想法，那他就无论如何也不会想到，包括业校和店刊在内的各种形式的培训、学习，为信誉楼的发展造就了多少人才，产生的凝聚力有多强，发挥的作用有多么巨大！

张洪瑞对于人才的急切渴求，以及对于员工学习紧迫性的重视，还有他对于企业长远发展的前瞻性，都可以在这里得到验证。

一批又一批新职工，当他们坐在业校教室里时，他们的心情是那么激动，庆幸自己有了学习的机会。而老职工在回顾自己几年的学习过程后会发现，自己成熟了、进步了、提高了。

1995 年春，一位朋友向信誉楼介绍了《企业文化》一书。这本书的最大价值，就是让信誉楼人接触并明白了"企业文化"这个概念。

信誉楼自开业起十多年的发展过程中，始终坚持自己的企业理念、始终重视对员工的培训，在学习了《企业文化》一书之后，对总结完善自己的企业理念和培训员工，更加明朗、更加自觉。

在 1996 年、1997 年总结教学案例的基础上，以编写《视客为友营销法营销个案集锦》《进货一得》《总经理言谈录》(后改为《经营·感悟》) 等内部刊物为起点，信誉楼开始系统化整合、完善自己的企业理念，加快了建设教学型组织的步伐。

信誉楼为什么要建设"教学型组织"，而不是"学习型组织"？

不少人问过张洪瑞这个问题，他是这样回答的："《第五项修炼》一书里，有关于学习型组织的内容。美国企业主张学习型组织，但人家普遍文化程度高，而咱企业当初员工文化程度普遍偏低，初中毕业的居多，也有小学毕业的。让大家自觉学习，咱达不到这个程度，就改成了教学型组织，强调上级对下级、师傅对徒弟的培训责任。后来《中外管理》杂志评价信誉楼，是'把学习型组织理论进一步发展为教学型组织'。我说，实际上咱是因为搞学习型组织不够资格，所以才采用的教学型组织，这种形式更适合咱自己。"

教学型组织成熟阶段：多层次、多形式、全方位的终身学习体系

1999 年，信誉楼正式提出，将企业建成教学型组织，确定了"人人培养接班人，企业为社会输出职业经理人"的企业理念，将人力资源开发作为企业长远发展的一项重要战略，并总结出了一套完整的行之有效的培训机制和体系。

信誉楼把企业建设成教学型组织的总指针是：以统一价值观为核心，以品格教育为主线，以提高员工综合素质和业务技能为重点，借以达到让员工在为企业、为社会做贡献的同时不断提高自身生活质量之目的。

信誉楼的教学型组织，其特点可以用九个字来概括，即：多层次、多形式、全方位。

多层次的核心，是给每个人搭建成长的阶梯。

新员工求职，经面试合格者，需要参加基本理念、基本制度、基础业务技能等培训。成为实习生后，公司为其指定师傅。为确保对实习生的培训效果，公司会先行对师傅进行培训。符合要求的师傅，会严格按照"实习生见习进程"，为实习生制订"培训计划"，做好过程中的培训、跟进、验收工作。

对于见习过程中的学习状态，柜组主任、部门经理等，均有明确的关注、跟进任务，确保责任到人，系统、全面地对当事人进行成长中的关注、支持、评估。

实习生定级验收合格后，将成为正式导购员。导购员还要在日常工作与生活实践中，随时随地接受老员工和各级干部的指导培训，不断提高自身综合素质与业务驾驭能力。

导购员在对企业理念领会到位，服务技能达到熟练水平后，可以选择多个发展方向：结合个人意愿与专业特长，适合向优秀导购员方向发展的，可以进行优秀导购员储备申报，经公司审核合格后列入梯队，并给予其针对性培训、跟踪；有干部潜质的，通过自荐或推荐，公司会安排其接受相应的储备干部学习。以此类推，信誉楼师傅带徒弟的培训形式，覆盖各个岗位。

信誉楼的多层次培训和干部储备制度，不仅让全体员工通过持续学习，挖掘潜能，不断实现自我超越，成为更出色的人，而且有力地保证了"以文化亲和力定取舍，以特长定岗位，以工作定报酬＋能上能下、能出能进的动态管理机制"的落实。

社会上有些人，达到某一职位就以为功成名就，不再学习了，而信誉楼人则不然。信誉楼把企业创建成教学型组织，给员工营造了一个良好的学习氛围和环境，全体干部员工可以在这里继续受到多种形式的培训，从而养成终身学习的习惯。

多形式的目的，是把培训做实做细。

创立之后一直持续至今的职工业校、隔周的周六上午召开的经理会、每天正式营业之前举行的班前会、不定期举行的座谈会、包括《理念集锦》《小故事选编》《追求成功人生》《读书摘抄》《总裁讲话摘要》《岗位手册》《运营手册》《信誉楼人》等在内的企业书籍……都是教学型组织的具体形式。

其中尤其值得一提的是班前会，40年如一日，持之以恒。这些年，信誉楼接待过不少慕名前来学习的企业或者个人，很多人观摩信誉楼的班前会，并留下了深刻印象，更有不少人在听到信誉楼员工齐声高唱信誉楼店歌的时候，禁不住流下了激动的泪水。

信誉楼的班前会，主持人一般由员工轮流担任。每天下午早班员工下班前，主持人会公布第二天班前会的议题。

班前会正式开始之前，部分店面会有"一分钟表扬"的环节，鼓励员工发现同事身上的闪光点。

班前会的议题内容广泛，但都是大家所关心的实际问题，如分享提升商品知识的小窍门、讨论近期工作重点、探讨如何创造顾客感动点等。

员工发言结束之后，部分店面的柜组主任会做简单点评，同时提醒工作中的注意事项。

当商厦里响起合唱店歌的提示，所有人迅速集结，整理仪容仪表，倒背双手、昂首挺胸，和着熟悉的悠扬旋律，共唱《信誉楼之歌》。

（女）信誉楼之歌，作词：张洪瑞，作曲：王耀川。

（男）我们是信誉楼人，我们的企业精神是：

（合）具有高度的责任感，以向社会负责为己任。

我们肩负着民族希望，

企业精神牢牢记心上。

天下兴亡我的责任，

凝聚成终身学习勇于超越的力量。

为自己负责，为家庭安康，

为企业兴旺，为国家富强。

体现人生价值，树立良好风尚，

我们是自豪的信誉楼人，

信誉楼精神催我们奋发向上。

在各个柜组举行班前会的同时，培训部门的同事会走动式参与其中，有些时候是表扬大家做得好的地方，有些时候是提醒大家应该注意的事项。

而在班前会举行之前，培训部门的同事已经随机抽查了不同柜组的员工，了解他们是否知晓当天的班前会议题，以及是否做好了具体准备。

所有这些内容，都在15分钟之内完成，简短而高效。

事实上，不同店面、不同培训部门同事的做法，会有所不同，但其实质与目的是一致的，就是注重"做过程"。而这正是信誉楼设立班前会的初衷——不是基于某个短期的明确目的，如做任务、促销售等，而是着眼于人的长期成长。

通过担任主持人和参与畅所欲言的讨论，不仅可以统一认识、提高能力，还培育了员工的良好心理素质和语言表达能力，班前会成为员工之间的重要交流形式。

全方位是指，以日常浸润的方式，将学习渗透到全员生活、工作的方方面面。

一方面，全方位体现为"自上而下，逐级培训"。

信誉楼推行"管理即培训"的管理方法，要求各级主管将80%的命令变成培训，将60%的精力用于检查。

公司明确要求主管们："部下的素质低不是你的责任，但是提高部下的素质是你的责任。"公司把员工能力的增长，作为对主管评价的主要方面。因此，各级主管都实行走动管理，随时随地对下属进行现场培训。

他们"把权力放下去，将责任留下来"，鼓励尝试，允许失误，千方百计为下属提供实践锻炼的机会，帮助下属获得工作经验，把成长的机会留给下属，把成就感留给下属。

在信誉楼，不仅各级主管注重培训下属，而且人人培养接班人，比如记账员培训见习记账员、老员工培训新员工、师傅培训实习生。可以这样说，在信誉楼，工作即培训，处处洋溢着浓厚的学习氛围。

另一方面，全方位还体现为"下级影响上级"。

"什么是好部下？"张洪瑞反复教育员工："很重要的一点，是那些能够最大限度地帮助领导发挥决策作用的人，是有思想、能提出可行性方案的人，是出主意让领导拍板的人。""如果从来不出主意，领导让干什么就干什么，就不能称其为好部下。""只有大家都给领导出主意、想办法，并勇于提出批评意见，让领导去琢磨、去筛选、去决断，这个企业才能兴旺发达。"

信誉楼员工虚心接受上级的培训，但决不被动盲从。因为员工处于工作第一线，所以他们更容易判断上级的决策是否适用，更容易发现工作中存在什么问题。他们经常以主人翁的态度给领导出主意、想办法、提建议。

移动互联网普及之前，信誉楼的商厦内设有"总经理信箱""员工意见箱"。移动互联网普及之后，在原有沟通渠道的基础上，信誉楼利用企业微信等信息化工具，线上全天候征求意见建议。

员工的建议一旦被采纳，就会得到公司颁发的奖金、奖品或受到表扬。每期建议奖名单都予以张榜公布。有的建议未被采纳，综合管理部也会与建议者沟通，说明不采纳的原因或时机尚不成熟，留待以后研究。无论获奖者还是未获奖者，都会感到自己在公司的地位和重要性，同时也得到了实实在在的最直接的培训。

总之，信誉楼人的学习是互动的，而不是单向灌输性、填鸭式的。

"信誉楼就是这样多层次、多形式，对员工进行全方位的培训，如春雨润物，让全体员工在工作的各个环节各个层面，在日常生活待人接物的一言一行之中，潜移默化地学会做人、学会工作，让员工提高了素质，增长了才干，为企业的发展培育了源源不断的人才，确保了企业发挥团队优势、不依赖'能人'，为永葆企业的核心能力奠定了深厚的根基。"王国选总结说。

经过三十多年的发展，信誉楼的教学型组织从雏形阶段到成熟阶段，为信誉楼人的终身学习提供了切实可行的支撑机制和资源平台。在这个过程中，无数信誉楼人真正"体现自身价值、享有成功人生"。

进入新时代，尤其是经过新冠疫情之后，教学型组织为满足企业发展对培训的需要、应对传统方式对培训的挑战以及改善原有的培训系统的不足等，与时俱进地迈入了"走向专业"的新阶段。

关于教学型组织如何走向专业，以及教学型组织如何在事业部制调试的情况下满足人才复制的需求，我们将在第八章的"教学型组织不会变"部分，进行详细阐释。

案例教学法：教学型组织的灵魂

案例教学是信誉楼业校课上最常用的形式，在经理会、班前会、座谈会、企业书籍中也被广泛运用。

信誉楼的教学型组织，不是教条式地灌输，而是以工作中发生的实际案例为主，用实例教会员工工作。通过对案例的讨论（或辩论），系统地阐释企业理念，统一思想认识，提高工作水平。

与此同时，《信誉楼人》在持续发掘视客为友的典型案例；《视客为友》案例集在不断更新；作为信誉楼企业形象展示窗口的微信公众号"信誉楼之声"，在持续更新"'视客为友'点亮美好生活"的典型案例……

不夸张地说，案例教学是信誉楼教学型组织的灵魂。

案例教学的最大价值，不是就事论事，而是体验、体会、认知企业理念和价值观的过程。

一个信誉楼人众所周知的案例，正是对这一价值的典型体现。

有一次，王国选老师在课堂上让大家讨论一个案例：顾客来买西瓜，男导购员在阳面割开个口，是粉色的，告诉顾客说瓜是熟的。结果顾客到家打开一看，一半粉色一半白色，没吃就扔了。下午顾客来到水果组，向正在盯岗的女导购员（实习生）说明情况，这位员工说："其实一打开，我就知道不熟。不过，我没好意思说。"

对这一案例，王老师本来想引导大家达成共识——证明那个女导购员不对：男导购员没掌握好商品知识，凭主观推测搪塞顾客，给顾客造成损失；女导购员的做法更可气，她明知瓜不熟却不说，是欺骗顾客。

跟着员工一起上业校课的张洪瑞，当即指出王老师的观点错了，让他纠正。王老师没想通，课上就没纠正。

随后张洪瑞又在经理会上拿出这个案例让大家讨论，还是没能达成共识。后来他跟时任办公室主任穆建霞做了深入沟通，她写了一篇《宁要蹩脚的诚实，不要无瑕的欺瞒》，王老师读后豁然开朗，又对这个案例进行重新剖析。

在那篇文章中，张洪瑞的导向是："案例中女导购员的诚实，看起来确实蹩脚，但却是实话实说，看似笨拙，但不失真诚。谁不愿别人真诚对待自己，谁又愿被别人蒙蔽呢？很多事情不是因为事情本身难以接受，而是被别人欺瞒和不信任更令人恼火。"

张洪瑞还向员工们提出了一个问题：顾客在我们这里最想得到什么？慢慢地，认识统一了：顾客首先需要的是我们的诚意，顾客回来反映问题时，我们必须认真听取，否则的话，就算我们给顾客赔上了一个瓜，顾客也会从心里感到有欠缺，很可能会认为我们是在打发他。而女导购员虽然说话方式欠妥，但至少能使顾客感受到自己被人相信，这样顾客以后就会反过来更相信我们。

最后大家统一了认识：工作中有了失误主动承担责任，实话实说，比用一大堆漂亮的理由掩饰、辩解，更能赢得别人的信任和尊重。

大量类似的案例教学，对统一信誉楼人的共同价值观和行为准则、提高全员素质，发挥了至关重要的作用。

人力资本股权化：从劳动股份制起步的股权激励

除了教学型组织，人力资本股权化制度，也被张洪瑞视作信誉楼的核心能力之一。

1984 年，在时任县领导的鼓励下，张洪瑞创建了信誉楼。可以说，这时的信誉楼完全是张洪瑞的个人企业，信誉楼的资产完全是张洪瑞的个人资产。

但时至今日，信誉楼已成了以核心员工为主的、全体信誉楼人的企业，信誉楼的资产是以核心员工为主的、全体信誉楼人的资产。

这种转变开始于 1988 年，起因是张洪瑞对企业长久生存发展的考虑。

信誉楼开业前六年，账面利润为零。（不过在这六年的过程当中，信誉楼也并非没有挣到过钱。1988 年，受抢购潮的影响，信誉楼出现过暂时性的盈利。）

因为始终没有赚过钱，所以也就没有想过怎么分配的问题。现在赚钱了，就涉及怎样分配——张洪瑞没想过把钱都留给自己，他想把钱分给大家，但赚多少分多少，分光吃净，企业还怎么发展？为了企业的长久发展，就得找到一个从根本上解决分配与发展问题的办法。

在此之前，信誉楼曾因经济纠纷和天津的一家企业打过一场官司，认识了天津一位叫刘毅的法官。这位法官在打官司期间给张洪瑞留下了极深的印象，而刘毅也对这位朴实的农民企业家颇有好感，双方成了好朋友。

这一次，张洪瑞首先想到了向刘毅求助，刘毅又找到了天津师范大学一位对国外企业体制有研究的教授，并向他请求帮助。于是，张洪瑞接触了一个当时非常新鲜的名词：股份制。他开始思考在企业内实行股份制的问题。

经过一番精心酝酿，1989 年 4 月 14 日，信誉楼召开了第一届股东大会，正式成为一家股份制企业——尽管当时还只是称作劳动股份制，但这却是河北省第一家劳动股份制企业，也是现行的信誉楼人力资本股权化制度的雏形。

劳动股份制的探索，让张洪瑞明白，他正前行在正确的道路上。一个显著的例证是当时有个朋友问他："信誉楼就不会倒掉吗？"张洪瑞坚定地回答："不会。第一，我不上市，不会被外人控制；第二，我的股是活股。"

张洪瑞的探索始终在继续。1999 年后，在研究了大量国内外失败企业的案例后，他决定确立一套以追求企业活力、长寿为目的的股权设置方案，进而建立起一套有效的公司治理结构，持续激励经营管理者。

2001 年春天，信誉楼通过了新的《公司章程》，提出了"货币资本依附于人力资本的股权设置方案"。这一初步设想出来后，在中国社会科学院、北京工商大学、北京市委研究室、河北大学等多位学者的帮助下，几易其稿，方案才得以完成。

2002 年 6 月，信誉楼在召开新的股东大会之后，正式实施了新的股权设置方案。该方案的架构是：全部实行岗位股（不是全员持股），对不同的岗位授予不同的股权，岗位变动时股权随之变动，持股员工退休或离职，其股权全部按离退时的价格收回，以保证股权永远掌握在能为公司创造较大价值的核心员工手里；包括创业者在内，股权不允许继承，不允许个人控股。

这种配置的核心作用，是用股权激励核心员工，使货币资本和人力资本融为一体，将员工个人利益与企业前途紧密结合。

"这次股权设置的中心目的，就是解决企业的长远发展问题。我从一开始，就致力于做企业而不是赚钱。我们企业的核心理念，就是追求成功，创百年老店。但我们发现，如今的企业寿命普遍太短，这说明当今的企业制度还有待探索。所以这些年来，我一直在学习、研究国外各种企业制度，努力探索一条卓有成效的用股权激励经营管理者的路子。"当年接受媒体采访的时候，张洪瑞还如此阐述自己的考量："将货币资本依附于人力资本，人力资本占统治地位，这样的设计既起到了激励作用，又避免了经理人为了自身利益而损害企业长远利益的事件发生。"

2002 年正式施行的这套股权设置方案，为员工创造了一条依靠自己的劳动、技术、能力和智慧来参与公司治理、分享公司利润的途径，使员工个人利益与企业前途紧密结合，形成了深度的利益和命运共同体。

做了20多年股权研究的董湘岩教授评价说，信誉楼的人力资本股权化改革，是比华为、TCL还要早的。

人力资本股权化制度的实施，决定了信誉楼能成为与员工共享经营成果的独创企业。进一步解释就是，信誉楼不是创始人张洪瑞自己的，没有继承人，没有接班人，它永远属于给这个企业创造较大价值的员工所有；企业利润除用于发展之外，没有谁可以独自支配，而是要合理地分配给大家。

自愿放弃苦心经营多年、本该属于自己的企业所有权，当初张洪瑞做这个决定的时候，一片哗然，没人理解，没人支持。其实，张洪瑞这样做，除了对名利的超然之外，更是因为明智，是因为他具有常人难以企及的远见卓识和对事物本质的透悟。

正如他自己所讲："与员工共享经营成果，是个创新。我也是在探索，但是从规律的角度，我认为它适合咱企业，能实现我的愿望。为什么这样说？因为这个企业不管给了谁，谁就有了私心、有了占有欲。有了吃净利的，人力资源就发挥不了应有的价值。中国到现在没有几个长寿企业，历史上的封建王朝也没有长盛不衰的，因为原有的制度本身就有局限性。我就想打破这个魔咒，试着探索一条民主、共建、共有的路子。"

"有人认为，我把本该属于自己的财产和利润都分给大家，我是最大的牺牲者。实际上，我是最大的受益者。因为与员工共享经营成果，把创造的利润合理地分配下去，大家都认为自己是企业的主人，忠于企业、高度负责、用心做好本职，这个企业就一定生机勃勃。企业搞好了，这是我最大的收获。300年以后，信誉楼的员工还会自豪地怀念创始人张洪瑞，这是我的愿望。"

中国企业改革与发展研究会会长宋志平说过："企业里最核心的是机制，

有机制就不靠神仙，没有机制神仙也做不好。什么叫机制？就是企业效益和员工利益之间有没有关系，有关系就有机制，没关系就没有机制。"

信誉楼的人力资本股权化，正是把企业效益和员工利益连接在一起的核心制度。这样的设计，能让岗位股始终掌握在为企业创造较大价值的核心员工手中。由此，一代代德才兼备的员工，一定会视若生命地将信誉楼的事业传承下去。

制度完善：优秀的领导者应该是优秀企业的"产品"，而不是原因

企业所有权的创新，必然带来企业治理结构的创新。

对信誉楼来说，从 1988 年就开始探索并最终确立的股权设置制度，对企业发展所产生的影响是根本性的，也是显而易见的。股份制的及时引入，早早确立了一个适于企业稳固发展的体制，解决了许多日后很难解决的问题，而且还为这个体制的完善准备了充足的时间。

为此，许多人到信誉楼考察学习，有些企业经营者也曾提出，愿意借鉴这种制度。面对来访者提出的"实行这个制度最关键之处是什么"的问题，有位信誉楼老员工的话直指要害："最关键的地方就是，你舍得把钱分给别人吗？"

不同企业的体制以及分配方案，都有其合理性。信誉楼的这种设置可能并非最佳，但它体现出的张洪瑞对于财富的坦然态度、对于企业基业长青的长远考虑，无论如何都是值得敬重的。

2001 年秋天，河北大学举办过一次"全国多元股份制理论研讨会"。当时信誉楼新的股权设置方案已经出台，但还没有实施。受主办方邀请，张洪

瑞也参加了这次研讨会。像许多类似会议一样，会上先是专家们介绍一些其研讨领域的新理论，同时也会有一些企业做发言，介绍自己企业的做法。

张洪瑞没有被安排发言，但在随后的对话交流中，张洪瑞对自己即将实施的股权方案的一番解释，以及他带去的一篇相关内容的文稿，却引起了所有人的兴趣，并成了交流的中心话题。

下面就是这次会议上他带去的文稿。

融货币资本和人力资本于一体，追求企业活力、长寿

世界企业普遍短寿，说明当今企业制度还有待探索。河北黄骅信誉楼商贸有限公司力求为"追求基业长青"的民营企业探索一条用股权激励经营管理者的路子，早在1988年就开始了"劳动股份制"的尝试。近两年来，我们立足于有效挖掘企业内部人力资源潜能，追求效率与公平、激励与约束的有机统一，在对国内外各种各样的股份制形式进行了细致研究之后，确立了一套独特的以追求企业活力、长寿为目的的股权设置方案。该方案的核心内容是：全部实行岗位股（不是全员持股），不允许继承（包括创业者），不允许个人控股。它的核心作用是用股权激励核心员工，使货币资本和人力资本融为一体，员工个人利益与企业前途紧密结合，有利于人才的引进、稳定和形成有效的激励与约束机制。具体可以从以下几个方面来描述。

在现代企业制度下，CEO（Chief Executive Officer，首席执行官）的作用不可轻视，但21世纪，企业之间的较量实际上更应是企业董事会之间的比拼。我们全部实行岗位股，但不搞全员持股，而是让股权掌握在能为企业创造较大价值、对企业前途有重要作用的员工手中，用股权激励核心员工。员工持股的上限是按其即时级别和作用确定的。员工退休或离职，其股权全

部收回。这样的股权设置，将保证股东会是一个高素质的群体，而以这样的群体为基础选举产生的董事会，将是一个明白的决策团队。

这样的股权设置，从理论上讲，在薪酬方面能给予核心员工最大程度的激励和约束。因为它完全是按作用来分配的，持股比例相对合理。员工为了得到更多的股权收益，就会努力提高自身素质，充分发挥自己的能力。货币资本和人力资本融为一体，员工与企业一损俱损、一荣俱荣，对企业的发展前途来说是至关重要的。股权有一个合理的结构，人力资本的作用就会得到充分发挥。

公司章程明确规定，股份不允许继承和自行转让，这就使得企业避免了因一人可以控股而可能出现的由不称职的人操纵企业的现象（公司章程规定，公司个人持股不得超过公司总股本的5%）。获得股权的核心员工退休或离职时，其股份可以在企业收回股权时兑现，持股员工实实在在受益，但企业的货币资本不会减少。

另外，我们在计算股价时按净资产留出一定比例的风险储备金，以增强企业的抗风险能力。

公司章程赋予了董事长应有的权力（决策权），但如果董事长不称职，可以通过选举换人，不至于因一人无能或专权而葬送企业。公司章程设计了一个"三权分立"的运行模式。监事会是一个可以切实行使监督权力的机构，其人员由股东代表大会选举产生，退休的原股东可以当选为监事，在企业内形成有效的约束机制。

至于为什么不搞全员持股，是因为我们认为人人持股并不能发挥人人负责的作用，相反，它会产生人人无责的结果。我们信奉二八定律，将股权分配到能给企业创造较大价值的核心员工手中，这是我们股权设置的主题。同时，这也是一个对企业财富的重新认识问题。企业财富是由两部分组成的，除了货币资本，还有人力资本（人力资本是指能为企业创造较大价值的那一部分核心员工）。货币资本是通过人力资本的经营运作来增值的。让这两者有机地结合，是我们的一种尝试。

（本方案仅适宜无须上市融资且风险小的企业。）

当然，作为一个完全独创的制度，信誉楼的股权设置方案，随着企业的发展可能会有所微调，但总的发展思路是不会改变的。即使改，也是朝着更有利于企业健康发展的方向改。

而对于如何使这一运行模式真正达到理想状态，张洪瑞还在不断探索和完善。经过慎重考虑，他决定对三套班子的换届选举做新的尝试：从2019年10月开始，监事会副主席、董事长、总裁这三个职位，任期每届四年，可连选连任。鼓励符合条件的人员主动报名（不再提名），采用自荐、实名他荐的方式，让更多的人参与，选举过程公开透明、公平公正，他本人没有任何偏袒和倾向。

新的选举办法的目的有两个。一是树立一个导向：没有一劳永逸，也不需要在"好人缘"上费心思。不管谁干，秉持一颗公心，按照企业理念，带好队伍、搞好管理，让企业持续健康发展，自然就会受到企业器重、下属拥戴。二是释放一个信号：企业不论资排辈，英雄不问出处，只要你是优秀人才，就有机会进入企业高层，施展自己的抱负，为企业做出更大贡献。

张洪瑞说："企业需要优秀的领导者，但优秀的领导者应该是优秀企业的'产品'，而不是原因。制度优秀的企业，自然就'代有才人出'。用制度来约束人的行为，可以把最合适的人才，放到最合适的位置上，并且在他不适合的时候，能及时让他离开。我现在的责任，就是继续探索、完善制度，用制度来保证企业健康长久地运行。"

把握规律：崇尚"基础决定楼层"，不赞同"超常规"发展

很多时候，人们知道自己能做什么，却不知道自己不能做什么。归根结底，这是对个人与外部世界的关系缺乏认知，或者说，对自己的能力边界缺乏认知。

正如张洪瑞一直强调的"把握规律"那样，留有余地非常重要，有所不为才能有所为。

信誉楼在 40 年的发展历程中，一方面在扎扎实实打地基，构建自己的核心能力；另一方面也在尊重、把握商业规律的基础上，界定清楚自己能做什么、不能做什么。

信誉楼成立之初，曾经规定过"三不"：不搞紧俏商品，不搞代销，不搞集团供应。

这是根据信誉楼当时的特点制定的。作为一个由农民创立的商场，受当时社会环境的影响，没有能搞到紧俏商品的渠道，也没有门路联系企事业单位在自己商场做大批量采购，所以张洪瑞就不让主管们在这上面费心神。

尽管当时大家都不理解，认为这两种做法是当时最赚钱的路子，其他商家也正是在这上面赚大钱的。但张洪瑞告诉大家："坐门等客，踏踏实实做好对普通消费者的服务，这是信誉楼的特长。"

信誉楼的企业战略，明确信誉楼专注于做百货零售业，张洪瑞用更通俗的话来说，就是一门心思做百货——决不涉足高风险投资领域。

在早年的探索中，信誉楼也曾犯过一些错误，但张洪瑞说："幸运的是，我们都成功纠正了错误。"而这些错误，对于信誉楼确立自己的定位，产生了积极作用。

张洪瑞经过两年的时间研究了大量的企业失败案例，1999 年 11 月 30 日，信誉楼股东大会通过了《企业发展战略》。这时的张洪瑞才真正觉得，企业走上了一条平稳的阳光大道。

或许令人有些不解：为什么是研究大量失败案例之后，才确立了自己企业的发展战略？"幸福的企业都是相似的，不幸的企业各有各的不幸。"张洪瑞拿自己的企业和国外一些成功企业比较，从它们的身上印证了自己企业这些年来的经营方向是正确的。而之所以对失败企业做研究，正是因为要从它们身上吸取教训，看看自己不能做什么。

或许是企业战略的制定，让他有了眼前一亮的感觉，当时正逢企业开业十五周年，张洪瑞总结说："十五年里最大的收获有两个，一是打下了坚实的基础，二是制定出了自己的发展战略。"

企业发展战略

企业定位

以百货零售业为主，向连锁经营方向发展。决不涉足高风险投资领域。

发展原则

夯实基础，把握规律，顺其自然，留有余地。

发展模式

进一步夯实基础，建设教学型组织，给员工营造终身学习的环境。培养、储备人才，完善企业制度，建设企业文化。在此基础上：

1. 总部开办数家分公司，发展子公司；各子公司按上述模式自行发展，整体显现稳健＋裂变的扩张效果。

2. 依托名店效应，逐步探索自有品牌商品经营。

释义

1. 关于企业定位。

● 高风险投资也是社会发展所需要的。

● 抗拒诱惑，有所不为才能有所为。

2. 关于发展原则。

- 我们崇尚"基础决定楼层"，不赞同"超常规"发展。

- 我们认为人类只能认识自然，把握规律，因势利导。我们鄙视"扭转乾坤""人定胜天"。

- 我们主张通过挖掘潜能，不断实现自我超越。在所有资源的使用上都留有余地，不提倡"满负荷"。

3. 我们实施商品"品牌"经营，不是为了获取高附加值，而是为了让各店拥有其他商家难以竞争的强优势商品。

（1999 年）

制定于 1999 年的信誉楼企业发展战略，即便以今天的眼光来严加审视，也极具前瞻性与穿透力。

2001 年，信誉楼在各方面有了足够的积淀之后，准备扩张，到离黄骅六七十公里之外的青县，开第一家分店。张洪瑞约着几位好友，包括一直关心支持信誉楼的市领导去考察选址，结果大家都不同意，极力反对他扩张的想法，认为这一座商厦经营得很好，保证自己衣食无忧即可，何必冒险！

张洪瑞力排众议："我创办信誉楼的目的，不是发财，是让员工体现自身价值、享有成功人生。现在人才越来越多，只有不断开分店，才能给他们提供更大的平台和发展空间，同时实现集团规模资源优势共享。"

青县店开业后形势大好，曾经反对开分店的一位市领导主动找到他："洪瑞啊，我再三考虑，咱发展得还得快点儿。你看看人家别的企业，发展那么快，按照信誉楼的水平、基础，可以再快一些。"

张洪瑞说："据我所知，凡是速生的都是短命的，这是规律。你看那灰菜，一年长那么大个，它的生命期只有一年；槐树你都看不出它生长，可是它能活两三百年。"

"自行车正常的速度骑行，谁都驾驭得了；要是停下，只有杂技演员才能保持平衡；蹬得速度快了，容易出事故。做企业也是这个理儿。所以信誉楼的发展原则是夯实基础，把握规律，顺其自然，留有余地。"

在把握规律的基础上，信誉楼始终有坚定的信念。信誉楼《读书摘抄》中有一句话："在零售业，成功的关键不在于哪种风格更好，而在于能长期坚持这种特色和风格。"

2013年，信誉楼进入河北省会石家庄市发展。石家庄市内有一家实力雄厚的商场，曾使国内外诸多有名的商超在此折戟沉沙。信誉楼很自信——进销一体的自营模式、视客为友的服务理念、积累多年的良好信誉、企业发展规模及态势在供方市场的分量，都是别人无法比拟的优势。

对于信誉楼的到来，对方进行了强力阻击。一是给供应商施压，多个品牌不允许给信誉楼供货；二是大力度搞促销，尤其是对于生鲜等民生商品。

时任石家庄区域总经理张建港的应对措施是，不和对方正面交锋。通过和供应商争取，能拿下来的牌子就上，拿不下来的开发新品、错位经营；对于价格战，信誉楼不接招——合理加价，只要对方搞促销，一定保证员工及时得知信息，并且主动告知购买的顾客，买与不买让顾客自行决定。

一开始部分干部并不理解，张建港就下了死命令——必须执行，并且亲自跟进。结果，经营效果非常理想。

如果说，企业发展战略明确了信誉楼的路线图，那么，在人才成长方面，信誉楼也拒绝急功近利，坚决不做类似揠苗助长这样违背规律的事情。

张洪瑞说："人的成长如同树的成长，急功近利、过于浮躁，基础打不好就急于表现，其结果只能是昙花一现，还会给自身带来伤害。只有扎好根基，踏踏实实做好目前的每一件事，懂得积累的人，才能长久地享受成功的喜悦。"

在人才培养方面，信誉楼有个"清棵蹲苗"的提法，这是张洪瑞当生产队长的时候，在《沧州日报》"农民之友"栏目上看到的：把棒子苗、高粱苗周边的土扒开，把周围的杂草清除，晒根，让苗慢点儿长，先扎根，以后棵子壮实，产量高。

当队长的时候他就这么做了，效果很好。后来做企业，他又把这一做法用到培养人才上：1998 年，信誉楼从沧州财经学校招来一批毕业生。越有潜质的，先不提拔。跟他讲明白了，好好夯实基础。其中几位耐不住性子的，选择了离开；留下来的，大多成为企业高管。

张洪瑞认为，信誉楼培养干部员工快速成长，就是企业创造条件，让他夯实基础，得到锻炼，比如见习制，就跟"清棵蹲苗"一样，是一个夯实基础的过程。

永远不上市：有形资产有限扩张，无形资产无限扩张

对很多商业企业而言，把企业做大后上市是一个不错的选择，上市融资，继续扩张，企业资产会呈滚雪球状成倍增加。

但时至今日，信誉楼都不曾有上市的打算。与其说信誉楼不缺钱，倒不如说，信誉楼更愿意用自己踏踏实实盈利挣来的钱发展，而不愿用股民的钱干自己的事。

2008 年北京奥运会前夕，曾有一段全民皆股的热潮，似乎股市只涨不跌，有大把的钱等着大家去捡。而就在此时，信誉楼对所有员工出台了一个新规定：禁止炒股。

一时间，群情激奋，斥责声一片，有些员工甚至大骂信誉楼不道德，挡

了员工的财路。但奥运会还未开始，股市就直线下挫，甚至一些大盘股都跌破了发行价。这时候人们才发现，原来信誉楼不让员工炒股，不是挡了员工的财路，而是帮助员工规避投机取巧的风险，也由此，信誉楼更加坚定自己的发展战略：永远不上市。

企业倘若因为扩张的资金需要而选择上市融资，这与信誉楼讲求的"有形资产有限扩张，无形资产无限扩张"背道而驰，即让企业的无形资产——信誉招牌越做越大、越擦越明，让企业的有形资产——发展规模量力而行、适度成长。因为，就企业的诚信文化来讲，没有最好，只有更好；而就企业的发展规模来讲，只有最大，没有更大。

20世纪90年代初红极一时的郑州亚细亚商场，就是一个典型的"有形资产无限扩张"的例子。

郑州亚细亚最火的时候，信誉楼专门组织员工去学习。回来的路上，张洪瑞说了一句"'亚细亚'要完"。当时，没有人能理解他的话，人家势头正猛呢，但是张洪瑞看出了问题——无限扩张、基础不牢，没有后劲儿。果然，没多久，郑州亚细亚就开始走下坡路了。

不到四年时间里，郑州亚细亚先后开了15家大型连锁百货分店，这家自有资产总额不过4000万元的企业，却进行了一场投资近20亿元的超级大扩张，最终不堪重负倒闭破产。

郑州亚细亚的故事，从发生时间而言，也许有点久远。但在中国企业发展历史中，"有形资产无限扩张"的亚细亚心态、亚细亚思维、亚细亚操作，却屡见不鲜。正因为如此，郑州亚细亚成为中国商业史上颇具代表性的失败案例之一。

信誉楼"不上市"的原则背后，是不赞成不适合自己的冒险。

信誉楼的发展战略规定，永远不涉足高风险投资领域，即永远不搞投机，永远拒绝诱惑。一旦经不住诱惑，一旦涉足高风险投资领域，一旦搞投机，也许会一夜暴富腰缠万贯，也许会一夜破产永难翻身。但无论如何，这都不是长久之计，更不是信誉楼所认同的心态。

人，最宝贵的是生命，对企业而言亦是如此。只有企业健康发展了，企业的生命才能延续下去，才有可能成为信誉楼所追求的"百年老店"。

正本清源：对创新进行有效管理

从 20 世纪 90 年代起，尤其是进入 21 世纪之后，各种新观念层出不穷。或许是周遭环境发展太快，给人们造成了一种恐惧感，如今的人们都以为只有不断地改变、创新，才能赶上时代的步伐，否则就会被无情抛弃。

在相当长的一段时期内，很多中国企业对于创新有一些误解，甚至到了"开口闭口离不开创新""为了创新而创新""唯创新是从"的地步。但对于什么是创新、究竟该如何创新、创新对企业意味着什么等关键性问题，很多人却缺乏思考。

层出不穷的新观念，以及社会思潮中的"创新盲从症"，不可避免地传入信誉楼员工的耳中、心中。在信誉楼内部，有些年轻人对于外界那些五花八门的变化也颇觉新奇，希望自己的企业也能"跟上时代的潮流"。

青县分店于 2001 年开业，当年冬天的一天，青县分店培训中心板报上的一篇文章，引起了张洪瑞的注意。这是一篇摘录文章，大意是：雪后的清晨，清洁工在宿舍与食堂之间扫出了一条路，人们都在这条现成的路上走。而跟着大人出来的孩子们，却跑到了路边的雪地上，踏出了一串脚印。文章的结论是，大人们的思维受到束缚，只知道顺着现成的道路走，而孩子们却敢于创新，走出了自己的一条新路。

　　张洪瑞看到后，越想越不对：这篇文章想传达给人们一种什么导向呢？员工们读了这样的文章，会得到什么样的启示？显然，这篇文章的立意正是当时社会上盲目创新的体现，有员工推荐这篇文章，并且将其抄写在培训中心的黑板报上，说明信誉楼的一些年轻主管也认可这种思想。

　　在青县分店的经理会议上，张洪瑞要求相关主管立即撤下这篇文章："下雪以后，大人们扫出一条路来，如果这条路是弯曲的，小孩子为了走近路而自己走出一条路来未尝不可，并且值得称赞，但他只是为了好玩而在旁边的雪地上乱踩，难道这就叫创新？创新要有目的，没有目的去创新又有什么用呢？"

　　对于信誉楼到底是保守的还是创新的，张洪瑞用极其肯定的语气告诉自己的下属："信誉楼是一个完全创新型的企业。从它的机制到体制，再到运行模式和经营管理思想，所体现出来的效果都要比一般企业优越得多，而且又与其他企业有着根本性的不同，你说它算是保守的还是创新的？"

　　当时有不少员工一度觉得，老董事长是不是有点小题大做了？但一位亲历了整个事情全部过程的信誉楼高管是这样说的："那时候我们不太理解，后来过了挺长一段时间，反复思考之后，我才明白过来，这件事情的意义太大了！老董事长总是能够一眼看透事物的本质，而不被表象所迷惑，这就是他的深刻之处。"

　　也正是在 2001 年，"创新"一词开始流行。张洪瑞开始关注并思考这一概念，源于他听一位著名管理学家的讲座。这位管理学家在讲座中有这样一句话："如今是一个多变、快变、剧变的时代，唯一不变的就是'变'。"张洪瑞边听边想：变是肯定的，但总要弄明白为什么变以后才去变，况且，难道什么东西都是可以变的吗？

　　2002 年春节，有一位已经离开信誉楼的年轻人去看望张洪瑞，带去了一本当时正流行的《谁动了我的奶酪》——这是一本美国学者所写的书，当年曾长时间在畅销书排行榜上名列榜首。张洪瑞此前已经读过这本书，因为有许多人向他推荐过。但在众人对这本书的一致追捧声中，张洪瑞却明确表示反对这本书所宣讲的内容，并认为这本书的作者在故弄玄虚。

他说，任何事物都有其内在的客观规律，而客观规律是不会以人的意志而改变的。人们曾试图打破规律，“人定胜天”地改造大自然，这样的“变”、这样的“创新”可谓气势磅礴，可惜结果却与人们想象的恰恰相反。

张洪瑞认为，依照客观规律而摸索出来的一些原则性的东西，应该是不能改变的。他主张创新，信誉楼整个经营模式几乎都是创新的结果，但他却反对盲目创新，主张要对创新进行有效管理。

2001年下半年，他读到了另一位美国学者写的另一本书——《定位》。这本书的观点印证了他的想法，于是，结合海尔的“斜坡球体理论”，他对创新发表了自己的看法，完成了一篇名为《要对创新进行有效管理》的文章。

创新不是新概念，却是一个在当今世界范围内非常流行的名词。人们都说，如今是一个多变、快变、剧变的时代，唯一不变的就是“变”。

不错，变是绝对的，但同时还存在着相对的不变。人们真正需要的往往是相对不变的一面。比如，生物同时存在“变异”和“遗传”两种特性。人们培育优良品种所依据、利用的就是生物的“变异”性，但人们需要的却是优良品种的“遗传”稳定性。如果得不到品质的稳定，人们为什么要进行改良？一味去培育新品种却得不到比原品种更好的特性，或无法将新品种好的特性保持下来，这种“创新”是没有意义的。

从企业经营实践中，我们体会到，应该正确认识创新，评价创新。

一、什么是创新

彼得·圣吉对技术创新所下的定义是："当它能够以适当的规模和切合实际的成本稳定地加以重复生产的时候，才能成为一项创新。"如果引申到企业管理创新上来，可以这样说：当某种构想能够持续为企业创造价值的时候，才称得起创新。

二、创新在我们企业的作用（借用海尔"斜坡球体理论"说明）

企业是一个处于斜坡上的球体，在自然状态下，它是要向下滚动的。要让它不向下滚动，就需要打造一个平台——搞好企业的基础建设。企业基础建设，就是我们强调的三要素：提高全员素质（建设教学型组织）、完善企业机制、建设企业文化。这是企业稳定生存的保障。应在此基础上，依靠创新来推动企业提升。企业提升一个高度后，很容易向下滑，怎么办？我们的做法是"打堰"，阻止下滑，也就是要在一定阶段内强化管理，巩固创新成果。当这项创新成为广大员工的自觉行为（将创新成果转化为基础）时，企业将进入一个新的平台。稍事休整后，再进入下一个循环。之所以要稍事休整，是因为我们不主张超速发展，而是主张夯实基础，让企业稳健地进入一个又一个新的平台，使企业能够健康持续发展。

三、要对创新进行有效管理

（1）创新要循序渐进。要根据企业现有条件量力而为，制定符合实际的目标。如果头脑发热，盲目制定不切实际的过高目标，其结果往往会产生"受挫感"。对于已经取得的创新成果，必须加以巩固，要强化管理一个阶段，让创新举措变成企业员工的自觉行为后再开始下一个创新举措。如果操之过急，就会像狗熊掰棒子，掰一个扔一个。历史上很多农民起义军之所以被称为"流寇"，像李自成等，是因为他们只注意了攻城，却不懂得去建立政权，结果就是前功尽弃。在企业创新上一定不能有"流寇"思想。

（2）创新要有方向感。在美国营销界影响最大的一本书是《定位》，作者的观点与同样引起轰动的《论创新》和《谁动了我的奶酪》两本书的作者的观点截然相反。他说，人们在看了这两本书之后，心里面便被几只小老鼠闹得跃跃欲试，满脑子的创新、求变，恨不得第二天一起床就改变生活方式。《定位》的作者说："难道变化就是唯一跟上变化的途径吗？""创新本身毫无价值可言，它只有为定位目标服务的时候才能发挥效应。"也就是说，创新要有方向性、目的性。

有这样一个小故事，因被许多人当作高超的创新营销经验而广为推崇。有两家相邻的卖粥小店，客流差不多，但左边小店每天总比右边小店高出百余元的营业额。原因出在哪里呢？原来右边小店的服务员在给进店的顾客盛好粥后会说：您要茶蛋吗？顾客有的会说要一个，有的会说不要。而左边小店的服务员在给进店的顾客盛好粥后会说：您是要一个茶蛋，还是要两个茶蛋？顾客有的说要一个，有的说要两个，很少会有人说不要，所以这家小店的收入超过了另一家小店。

我们不赞同后者的做法。现代企业营销的核心是以顾客为中心。我们信奉的经营辩证法是：一心想赚钱的路越走越窄，只有一心为顾客利益着想，财源才会滚滚而来。如今商家最大的责任是在尊重顾客利益的基础上，为顾客提供解决问题的方案。这是我们的《经营信条》早已确定了的。

我们的《经营信条》第二条明确指出："经商，商品是第一位的……因此，开辟新的进货渠道，引进新品种是我们永久的任务。"我们鼓励一线员工大胆尝试，在遵循零售业规律的前提下多品种、少批量地引进新商品。企业鼓励尝试，允许失误。这是我们鼓励创新的重要措施。

《经营信条》最后一条则强调："千变万变，我们的信念不变，经营宗旨不变。"当然，这个不变是相对的，它将随着社会的发展与时俱进。但这个变化是缓慢的，就像地轴，它的运动周期是 22 000 年[一]。试想，如果地球轴心变化太快，没有规律地乱摆，地球上还会有生命吗？

我们的经营宗旨与信条也是不允许随意变动的。

这篇写于 2002 年的文章，被完整收录于信誉楼《理念集锦》中，这是《理念集锦》全文收录的三篇论文之一，另外两篇分别是"质疑'惧者生存'""融货币资本和人力资本于一体，追求企业活力、长寿"。这意味着，对创新进行有效管理，已经成为信誉楼对待创新的指导思想。

创新与借鉴同样重要。信誉楼是一个完全创新的企业，同时也是一个善于借鉴的企业。在谈到如何借鉴他人经验时，张洪瑞有两点体会：一是要考虑是否适合自己；二是能否提高自己。

十多年前，有一个员工在进入信誉楼工作以后，向自己的上级提了许多次建议，但均没有被采纳。有一次，他找到张洪瑞诉说不满，说自己向上级提了足足 100 条建议，却一条也没有被采纳，自己的建议太不受重视了。

张洪瑞开始还觉得，这个员工的上级是不是真的有点太独断。于是，他让这个员工介绍一下建议的内容。听完以后张洪瑞明白了：这些建议基本上都不适合在信誉楼实施。

后来，张洪瑞在和新员工座谈时，经常谈到这个例子。他说，新员工是带着新眼光来的，容易发现问题，所以要多向公司提意见、建议，但同时，由于新员工还不了解企业的经营理念，所以一定要加强对企业理念的学习，这样提出的建议才会对公司更有用。

2000 年春节后，张洪瑞带着一批开业元老到南方旅游。回来后，有几

　㊀　地轴旋转一周的周期是 25 786 年。

位神情显得很亢奋的年轻主管，向他推荐一本介绍某企业成功经验的书，说书中有好多做法值得信誉楼借鉴。

张洪瑞看过这本书以后，在经理会议上告诉大家："这是一本好书，这家企业也是非常成功的企业，它们的做法也是非常不错的做法，但不适合我们去模仿。因为我们与这家企业，是两家经营定位完全不同的企业。我们有的主管对书中的一些做法很推崇，其实这些做法当中有一些并不新鲜，我们在刚刚起步的时候也用过。但我们企业在这么多年的摸索中，已经形成了自己的特色，这些做法也就不再适合于我们了。

"这些年来，我们已经有了自己成熟的经营模式，这种模式也已经为我们创造了巨大的效益，所以，信誉楼禁止主管们放着现成的成功模式不用，而一味地去盲目创新、盲目借鉴，总想用新观念、新方法来证明自己的价值。"

对于有些主管热衷于参加外部培训机构的培训或借鉴外部培训机构资源进行内部培训时，张洪瑞坚决地说，这些一律要叫停。

他说，信誉楼这些年积极外出考察学习，都是有目的的，绝不是照抄照搬。现在信誉楼的店越来越多，就要对此进行管理，如果各区域、各门店觉得有些培训不错，必须报集团公司经审查同意后才可以参加。集团公司及各子公司、各店的首要任务，就是带领各级主管认真学习并贯彻落实企业理念，使一切经营行为都以企业理念为标准，保持企业特色，杜绝盲目创新和盲目借鉴。

创新只是一种方式，它是为有效达到目的服务的。不能有效达到目的的方式，无论最时髦的方式还是最正统的方式，都不适用。明白了自己在做什么，为什么做，就会明白自己需要什么样的方式。

这些年来，曾经有数位主管因为总想尝试"创新"而离开信誉楼，其中不乏一些能力很强的人。张洪瑞说："求变是人的天性，有的人就愿意尝试创新，那就请离开信誉楼到别处去尝试。我们现在走的就是一条完全创新的路子，是一条用实践证明了的先进而有效的路子，我们一定要坚定不移地走下去，所以，对于自己的理念一定要认真落实不走样。"

张洪瑞自信地说："只要我们的举措都落实了，就没有人能和我们比。这就是信誉楼人经常说的，不图打败别人，只求立于不败。"

打破魔咒：探索一条企业健康长寿之路

在信誉楼人心目中，企业不仅是安身立命之地，还承载着员工的追求和幸福；在公众眼中，信誉楼是诚信企业的代名词，充满活力、口碑极佳、受人敬重；《中外管理》总编、社长杨光则这样评价：信誉楼是一家商业绩效与口碑令一些明星企业都望尘莫及，很赚钱又很道义，并且还充满着快乐与趣味、修为与文化的个性企业。

无疑，信誉楼独特的精神气质，来自创始人的追求与特质。那么，张洪瑞想要办成什么样的企业？

信誉楼刚创建的时候，时任商业部部长在一次全国范围的会议上说了这么一段话："现在农业改革已经见到了成效，工业企业改革也已经开始了。唯独商业，现在还没有。我期待着商业工作者共同努力，把这项工作做好。"

这段话深深印在张洪瑞的心里。他兴奋而坚定地跟创业伙伴们说："咱现在也要有这种抱负，就像参加赛跑一样，不一定能够拿到冠军，但是咱也要努力奋斗——探索一条适合中国国情的商业发展路子，做成百年老店。"

因为创始人的追求和基因，信誉楼从创办开始，就具备显著特色。经过40年探索和实践，已经形成了许多与众不同之处。

在经营管理的原则方向上，信誉楼最显著的特色，是善于学习吸收先进思想，但决不随波逐流。

从给企业取名"信誉楼"开始，张洪瑞就颠覆了传统的观念和做法，坚信"一心想赚钱的路越走越窄，只有诚心诚意为消费者和供应商着想，财源才会滚滚而来"。

将"信誉"视为企业生存和发展的根本，一切经营活动都站在顾客的立场上，切实从维护消费者的利益出发。从始至终，坚定不移，用行动和效果验证了"大商不奸"。

真正做到以人为本，办企业的出发点和归宿点，都是为了让员工体现自身价值，享有成功人生。

在信誉楼，员工是目的，企业组织是手段。几十年如一日，投入大量资金和人力，建设教学型组织；员工的收入不与经营业绩挂钩，取而代之的是关注关爱和成就员工；不提倡加班，反对满负荷，倡导轻松高效地干好工作……

信誉楼的特色还有很多，它是一个体系，所有要素的目的和结果都指向同一个中心——核心价值观：追求价值最大化，而不是利润最大化。在维护自己根本利益的同时，切实为所有利益相关者着想。

这些颠覆了传统的观念和做法，看似创新，实则是在还原，还原到事物的本质和人性的需求。

无论外界环境发生怎样的变化，张洪瑞都坚定地相信，信誉楼只要始终做好"切实为他人着想；把主要精力放在做企业而不是赚钱上"这两条，企业就一定能够健康长寿。

这种信心，来自企业的核心能力，即以人为本的企业文化、教学型组织和人力资本股权化的制度。40 年的时间里，张洪瑞和信誉楼不忘初心，尊重、认知、把握商业规律，努力探索。

"我干信誉楼，不是为了发财，而是为了做点儿事，想探索一条适合中国国情的商业发展路子，追求企业健康长寿。"张洪瑞说，"在中国一直有'富不过三'的说法，我想打破这个魔咒。'富不过三'，不仅指家族，也指企业和国家。守业比创业更难。只有建立有效的制度，使人才辈出，才能保证企业健康长寿。"

创业初衷
让员工体现自身价值，享有成功人生

信誉楼的核心能力，是"不依靠'能人'，拥有能够源源不断地造就具有团队精神人才的文化、组织和制度"。

通过上一章，我们对信誉楼的教学型组织和人力资本股权化的制度有了一定了解，本章我们再来一起了解一下信誉楼以人为本的企业文化，重点围绕信誉楼如何让员工体现自身价值、享有成功人生展开。

在信誉楼，员工是目的，企业组织是手段。为什么会形成这样的企业文化？还是要回到原点——张洪瑞创办企业的初衷。

张洪瑞上学的时候，雷锋、欧阳海是那个时代的楷模，他们的伟大精神对张洪瑞这一代人产生了巨大影响。

他看欧阳海的事迹，"在火中救人，手被烧伤，回来戴着手套照样干活儿，不愿让领导和同志们知道，可是那伤口钻心地疼……"张洪瑞泪流满面。

在那样的环境下，老师的教导、楷模的影响，让张洪瑞对报效国家这个信念非常坚定。

可是，后来赶上特殊时期，张洪瑞只得回到村里务农。

就是种地，当一个生产队队长，管着百十来个社员，他也把楼西二队干成了黄骅全县先进典型。正当他想进一步施展抱负的时候，中国推动了改革开放，新的机遇来了——曾经是城关公社书记的夏相臣县长，建议他到黄骅海园市场（当时叫新兴市场）带头经商。

他特别珍惜这个机会。他知道有志向有能力而没处施展的滋味，再加上是个有大爱、私心小、有远见的人，所以一干信誉楼，就想让它成为百年老店，就想给那些和他有共同追求的人搭建一个平台，来施展自己，过上好日子。

曾有学者论及，儒家文化的精髓，一言以蔽之，就是"推己及人"。"让员工体现自身价值，享有成功人生"是张洪瑞创办信誉楼的初衷，也是他"推己及人"的必然选择。

信誉楼几十年如一日，投入大量资金和人力，开办员工培训中心，建设教学型组织。信誉楼实行员工岗位股份制，不允许包括创业者在内的个人继承和控股企业，用股权激励核心员工，使货币资本和人力资本融为一体、员工利益与企业前途紧密结合，通过这种方式，让企业掌握在能为企业创造较大价值、对企业前途有重要作用的员工手中。

教学型组织和人力资本股权化的制度，从组织与制度方面为成就员工提供了保障。但再完善的设计，也需要人去落实，对于真正做到"员工第一"，营造以人为本的企业文化氛围，张洪瑞和信誉楼付出了极大心血。

员工的收入不与经营业绩挂钩，春节假日关门停业，让员工享受与家人团聚的天伦之乐；全方位地关注员工的工作状态、生活状态和心理状态；将80%的命令变成培训，将60%的精力用于检查；把权力放下去，把责任留下来；允许试错，但不允许失职……

正如 1994 年担任黄骅市委副秘书长的田金昌对信誉楼的评价："信誉楼的成功是以整体企业文化参与市场竞争的结果。"

搭台唱戏：为下属喝彩、鼓掌

张洪瑞经常对员工们说起一句话，并且让这句话变成了现实："干信誉楼，就是我为大家搭起一座舞台，大家来唱戏，都唱得大红大紫。我是坐在台下的观众，是为你们鼓掌的。"

和大多数企业老板每天业务繁忙、行色匆匆相反，在日常经营过程中，几乎可以用"清闲"一词来形容张洪瑞绝大部分的工作状态：在办公区里，人们经常能听到从他的办公室内传出的笛声；每年他都会旅游，不管十多天，还是一两个月，只要出了门，你就很难找到他，因为他连手机都没有，自然也就不会再有人找他汇报工作；平时他把企业的日常工作全都交由下属去处理，日常事务各有分工，属于谁的责任，谁自然就会去处理。

2001 年建第一家分店——青县分店，到后来信誉楼建设十几家分店，投资额数以十亿元计，不可思议的是，他竟然没有在任何一笔款项上签过字。

外人可能会问："张洪瑞就不怕出问题？"但张洪瑞放心。首先，他对下属放心，再者，"你对下属不放心，怕下属做不好而不让下属做事，那么得不到锻炼的下属，永远也不可能成长起来，这样你可能就真的永远也不能放心了"。

浑身是铁能捻几根钉。他经常引用这句老话，来传递他对于管理的理解。看一位管理者是否合格，不是看具体操作能力的强弱，而是看能否发挥出团队的力量，因为这决定了将在多大程度上实现管理的目的，当然也决定了管理者能够掌控多大范围的工作。能够认识到这一点，不再事必躬亲，不再着眼于自己在别人眼里是不是一个强者，而是倾向于帮助下属提高能力，帮助下属收获成就感和幸福感，从而让下属把聪明才智发挥出来，才会成为一名合格的管理者。

张洪瑞常说，自己在业务上是外行。如果有客人来，他都是挨个儿把在场的下属介绍给客人，并品评每个人的优秀之处。

张洪瑞经常对主管们说："当上级的，如果总愿意突出自己的能耐，那么下属肯定会感到压抑，感到没有奔头儿，自然就不会愿意跟着你干。"但如果上级学会了欣赏下属，让下属获得成就感，下属就会很快进步，有热情把工作做得更好。自然，下属也都愿意跟着这样的上级工作。就像信誉楼《读书摘抄》中的那段话："那些你能做下属也能做，而你做可能做得更好的事，最好你不做让下属去做，把成就感给下属，把成长机会给下属。"

他不厌其烦地提醒高层主管：人都有做重要人物的欲望。主管有，但更重要的是主管要知道下属也有。你们切记不要当演员，显自己的能耐，而是要当一个好观众，要学会真诚地为下属喝彩、鼓掌。

这就是一名信誉楼主管的首要职责：关注关爱员工、成就员工，让员工拥有成功人生。

从信誉楼还在老楼的时候，张洪瑞就提出，主管要当教练，而不是当运动员。信誉楼迁入新商厦以后，干部员工的数量多了好几倍，主管应扮演什么样角色的问题，便凸显了出来。这之后的一段时间里，张洪瑞又多次强调主管不是运动员，而应该是教练。

一次会议上，张洪瑞谈到商品部经理在经营上的一些越位行为，其中一条就是商品部经理代柜组主任进货，或是打电话订货。而就在开完会的第二天，张洪瑞从电话室门口经过时，恰好听到有位经理正在和供应商通电话订货，张洪瑞当即对这位经理提出严厉批评。

多年以前，张洪瑞任命了一位主管。有人找到他反映说，刚任命的这个人，工作中曾经多次犯错误。于是张洪瑞在经理会议上公开回答了这个问题："我们不会重用那些工作了多年但始终没有犯过错误的人，因为那样的人虽然没有犯错误，但同样也不会做出什么工作成绩。"公开回答这个问题，是张洪瑞告诉主管们，公司鼓励大家在试错中成长，同时，用人是要用其长，而非用其短。

人无完人，如果只盯着人的短处不放，那么你就不会找出可用之人来。张洪瑞经常告诫主管：管理者要做木匠，而不要做医生。常话说，木匠眼里没废料，即便是一根小木条，也可以用来做楔子。而在医生眼里没有完全健康的人，是个人就会有点儿大大小小的病。

在信誉楼，主管们被告知：上级把工作交给下属去做，不是为了证明下属不行，而是为了让他在这个过程中体会到自己的能力在提升。

上级的着眼点，不要放在工作能达到什么样的效果上，而是要放在提升员工的能力上。因为把着眼点放在最后的结果上，就很可能放弃了对过程的打造，放弃了对员工能力以及员工心理健康程度的关注，会过分看重一点一滴的眼前利益的得失，其结果只能是走入一个恶性循环。而把着眼点放在对员工能力的提升上，只要员工的能力提升了，还会有不好的效果吗？

其实做任何事情，都像张洪瑞经常说的那样：过程做好了，结果是自然而然的。

关注关爱："员工第一"是落实"顾客至上"宗旨的根本保证

2012年，《信誉楼人》开设了一个新专栏，叫作"关心关爱员工案例专辑"。后来，张洪瑞把这个专栏的名字改为"关注关爱员工案例专辑"。

从关心到关注，其实是有讲究的。

信誉楼导购员的收入，是不与其销售额挂钩的。这一方面保证了导购员不会为了提高自己的收入强行推销，把不适合顾客的商品卖给顾客，另一方面，也大大减轻了导购员的压力，使其工作更轻松。

其实不光导购员，在信誉楼，从上到下不管哪个级别员工的收入，也都没有与经营业绩挂钩。因为只要收入与经营业绩直接挂在一起，员工势必会想方设法提高营业额，并把业绩目标一级级分摊下去，最终体现在导购员接待顾客这一环节，就无法做到为顾客着想。

很多到信誉楼参观学习的人，都会问一个让他们很不解的问题："收入不与业绩挂钩，如何保证员工对工作投入热情和责任心呢？"

对这一问题的解读，会是一个系统性的答案。其中包括整体的积极向上氛围的打造，公平公正的用人环境，因企业规模的扩大而出现的大量发展机会，员工对企业理念的认可，等等。而"关注关爱员工"是其中非常重要的一个角度。

俗话说，对一个人最大的惩罚，莫过于忽视他的存在。的确，对下属来说，最苦恼的莫过于自己的优秀表现被上级忽略，这时，他不可避免地会失去工作的热情。在将"关心关爱员工案例专辑"中的"关心"一词改成"关注"时，张洪瑞说："让员工知道主管在关注着自己，知道自己的表现上级全都看在眼里，这时候他一定会把优秀的一面展现出来。"

张洪瑞常对主管们说，下级不听你要求什么，只看你检查什么。只提要求却不做检查，员工自然会认为你不重视这项工作，那么你也就不能怪员工不在这方面下力气——无论做得好与不好，主管都不会知道，员工为什么还要努力？只有你在自己要求员工做的工作上，投入精力去检查、培训，员工才会真正努力去做好。

信誉楼要求各级主管掌握员工的整体表现。做得好的时候，要及时表扬；自信心不足的时候，要及时鼓励；表现不好的时候，要及时督促和培训，让员工感到主管就在自己身边。

好孩子不是一味地宠爱出来的，好员工也不是只靠关心就能成长起来的。主管在成就下属的过程中，必须付出心血，全方位地关注员工的工作状态、生活状态、心理状态——对员工这"三个状态"进行关注，是信誉楼这些年对主管的一项重点要求。

"作为上级，对于下级的工作状态、生活状态、成就感、幸福感，甚至命运是有影响的人"，这句话让信誉楼的各级主管备感责任重大。

其实，早在1999年11月20日的经理工作会议上，张洪瑞就以《"员工第一"是落实"顾客至上"宗旨的根本保证》为题，从六个方面系统阐述了自己的观点：

我讲话的题目是"员工第一"。也许有人会问：我们历来倡导"顾客至上"，今天怎么又提"员工第一"呢？顾客与员工到底谁重谁轻，谁先谁后？

"顾客至上"是从经营的角度讲，必须以顾客为重，视顾客为亲友；而"员工第一"，则是针对内部管理而言。"顾客至上"要靠员工去实现。"员工第一"是落实"顾客至上"的根本保证，如果职工心情不愉快，怎么能善待顾客？所以，各级领导要善待你的下属，各职能科室要善待我们的员工。

把80%的命令变成培训，把90%的批评变为欣赏、赞美。

传达公司意图和安排布置工作时，切勿强迫、命令，不要简单地要求下属必须做，而应讲明为什么要这样做、怎样做；要当好教练，尽好培训职责。

对员工要少批评、少指责、多欣赏、多赞美。对新职工尽量不批评，他们初来乍到，很多事情都不熟悉、不适应，本身压力就很大，除了明知故犯的给予个别批评、提示外，属于不留意出错的，不要批评、责怪。

将心比心，不要说一般员工会出差错，就是我们的领导干部哪一个没有犯过错误？

对下级鼓励表扬不要吝啬；批评、指责则要慎之又慎。

关心下属，善于察言观色。

发现下属神情有异，倦怠松懈，要主动关切、询问，看其家里是否有什么麻烦，有无不顺心的事，身体是不是不舒服……要尽力给予关心、帮助，多给下属办实事，发自内心、不走过场，像对待你的孩子、亲人那样去呵护、关爱你的下属。

经理带头关心主任，主任主动关心职工，这要养成一种习惯。

职能科室制定规章制度时要先从职工的角度审视，不能只考虑自己执行的方便。

很多年前，一个亲戚问我："你的孩子都那么听话，你用的什么法子？"我回答："少管、少管、再少管。管多了，就不灵了。"

对待孩子是这样，对待员工更应如此。尽量给职工营造一个宽松、自由的环境，在此前提下，该管的再管，并且管好、管到位，不然，你就会管了些不该管、管不了也管不好的事，员工就会无所适从。

职能部门制定规章制度时，务必三思而行。最近，有关部门做了个规定，"柜组主任在财会室收到假币，当时没发现的由自己全部负责"，是很不妥当的。不仅在财会室收到假币不应由柜组主任承担，即便在客户那里收到，也应由公司担负。

公司下发的规定，如果错了，要及时收回、纠正，让职工感到企业的胸襟、领导的诚心，他才会尊重你、拥戴你。这样，甚至比你没有过错，效果还要好。

制定制度时，首先考虑对职工是否有利，能不能或方不方便实行，如果仅为职能部门好实施，一刀切最容易，但一刀切最无效，也是最无能的表现。

各位经理从现在开始，让职工在宽松、自由的环境下，保持良好的秩序和士气，如果真的做到这一点，才能证实你的能力强。

员工违规，先认为他有原因，从职工的角度考虑，把一切其他因素都排除后，再认定他是否违规。

职工带病坚持工作是常有的事，出差劳累坚持顶岗的情况也很多，当职工偶尔因情绪不佳、身体欠佳，靠靠柜台，我们应体谅，不要动辄批评、指责、登记、处罚，而应该设身处地关心职工。

把所有假定都排除了再去处理，职工才会心服口服，我们的管理才会有效。

欢迎、重视职工申诉。

员工受了处罚、有了不满，向领导申诉，这是大好事，证明企业有一个宽松的环境。如果职工有了不满，不敢说，受了委屈不愿讲，那企业能好吗？

以后处理职工，不能以他的态度为依据。对职工，只要求对顾客的服务态度，而不要求对上级的态度。讲态度，是对干部的要求，允许职工向上级发牢骚、发脾气，这说明职工对你信赖。如果职工在你面前唯唯诺诺，曲意逢迎，背后就会烦你，看不起你。

对于违规职工被处理后提出申诉，要重视，"宁可错放一千，也不委屈一个"，不能让员工带着委屈工作。

各级管理人员要严格要求自己，尊重、理解他人。

首先要尊重自己的下属，在此前提下坚持原则。对自己须做到有错即纠，而不要维护自己的面子。谁要面子，谁就没威信。对职工从严要求，更须"爱"字当头。从严要求也是爱，像严父对待孩子一样。只有"爱"字当头，从严要求才有效。

在这次讲话的最后，张洪瑞说："'员工第一'是不是不要管理了？谁若这样认为，说明作为管理者，你还有一定差距，没有真正吃透'员工第一'的内涵。'员工第一'不是不要管理，也不是放松管理，而是管理的一种更高的境界和层次。今天的会议精神传达之后，哪位管辖的范围秩序不如以前，员工松懈了，这只能说明你的能力不够，未能将这次会议的内容准确理解。我提出的这六条要求，在座各位若能一一做到，你商场的秩序提升、士气上升是自然而然的事。有些商场秩序井然、员工干劲十足，原因就在于经理深谙'员工第一'之道，在关爱员工方面做了大量工作，员工愿意为他争光，为商场着想，从而增强团队凝聚力。"

宽严并济：没有科学化的管理，人性化管理就是一场灾难

哲学思维是张洪瑞身上的显著特点，鲜明地体现在他的为人处世之中，同样鲜明地体现在他对信誉楼的管理之中。

在信誉楼，"人性化管理"只是硬币的一面，另一面则是"制度化管理"。张洪瑞曾在一次经理会上明确提出，"人性化管理是以科学化管理为基础的，没有科学化的管理，人性化管理就是一场灾难"，他谈到，"要想在企业内部真正做到充分授权，必须具备两个条件，其一，确保制度能够严格执行的机制；其二，充分地信任下级，并且允许他们有失误，但不允许失职"。

也就是说，信誉楼注重的是一种"宽严并济"的管理理念，或称"严格的人性化管理"。

以导购员为例，需要严格执行《员工手册》中的规定，如果认为这些规

定有不合理或不容易做到的地方，员工可以提出自己的意见，公司会视情况采纳建议、修改规定，但在规定修改之前，员工不能随意变通，以确保制度的严肃性。

以宿舍管理为例，信誉楼认为，宿舍管理能够培养员工良好的生活习惯，确保员工有良好的精神面貌，对企业和员工都有益处，员工也要严格遵循相应制度。

但当要进行宿舍卫生评比并对应奖惩措施时，张洪瑞就提出了反对意见，"好与不好有个度，而且要看在什么场合。宿舍是员工休息的地方，没有必要弄得像军队一样整齐。进入宿舍要让员工尽量感到放松，释放工作时的紧张情绪……我们为了让员工少背思想包袱，连销售额都不统计，怎么到了宿舍还要排这么细的名次呢？"

信誉楼内部有一本叫作《雷区》的小册子，里面记录的都是发生在公司内部的一些严重违反规定、被重罚甚至除名的案例，这样等于在高压线上亮起红灯，不断提醒员工千万别踏入雷区。例如，当员工出现违反"诚信"原则的经济问题时，公司坚决予以劝退。

所以，在管理问题上，信誉楼总能够意识到事物具有两面性，从而兼收并蓄，处理悖论。一方面，高度尊重员工、信任员工，实行人性化管理，遵循"由内而外"的经营逻辑，用张洪瑞的话说就是，"家里做好饭，地里不用看"。另一方面，善用辩证法，即"员工第一要建立在不损害组织的基础上；人本管理要建立在制度管理的基础上；平常心要建立在责任心的基础上；轻松愉快地工作要建立在高效率的基础上；士气要建立在秩序的基础上；严格要求要建立在爱的基础上；创新要建立在坚持理念的基础上；成本管理要建立在不影响生活质量的基础上"，信誉楼在《理念集锦》中如是写道。

信誉楼的理念与制度，一柔一刚，一无形一有形。制定制度时以理念为核心，推广理念时以制度为工具。

张洪瑞认为："管理主要在于化繁为简，驾简驭繁；管理之精在于万事同理、直指根本；管理之妙在于抓大察小放中间。越是复杂的事情越是用简单的方法去解决，这样，往往会得到意想不到的管理妙用。管理无技巧，越简单越好。"

张洪瑞的观点是：制定规章制度，要设身处地从员工的切身利益和感受出发，充分听取员工的意见；在执行中发现不合适的地方及时修改。两个"不定"：考虑不成熟的不定；条件还不具备，制定后不能保证实施的不定。

1997 年张洪瑞就对下属提出来："任何举措都应注意两点，一是有效性，二是可操作性。""抓而不紧不如不抓。不抓，以后条件具备还可以抓。抓而不紧，遗患无穷。"

选好定位：既不要勉强自己，也不要浪费自己

现任信誉楼商学院副院长曹慧荣，入职没几年的时候，有一次跟张洪瑞聊天，说起自己在学校里跑步的事情。

曹慧荣并不擅长长跑，但当时被安排了报名参赛。抱着能跑多少算多少的心理，她上场了，可是，刚跑没多远，就发现有人撑不住了。曹慧荣想，"只要我能熬到最后，就胜利了"。结果，她成功跑完全程，虽然配速不高，但"剩者为王"，她依然拿到了奖牌。

后来，张洪瑞对这个原生态的故事进行了提炼升华，这就是《信誉楼人常用语》"做人篇"中的那句话："人生是马拉松，不是百米冲刺，首先要考虑的是跑到终点，而后才是速度。"

曹慧荣记得，老董事长当时还跟她说："你能挑 100 斤，就挑 80 斤，别

挑 120 斤。人生很重要的一点，就是选好自己的定位，既不要勉强自己，也不要浪费自己。"

《信誉楼人》总编高怀波一度认定自己不适合干业务，张洪瑞就说："不适合干业务，确实有文字特长，那你就多发挥一下文字方面的能力。"

最初信誉楼没有合适的岗位，张洪瑞打算安排高怀波到他弟弟的企业工作，高怀波不想动，张洪瑞也就不再勉强。等高怀波接替王国选主编《信誉楼人》，他的压力特别大，"几个栏目都不知道怎么分，墙上都是小夹子，对着墙选稿，瞪眼看着才知道应该放哪里，否则就忘记了"。

张洪瑞知道高怀波压力大，专门跟他说："对于差错率，就连国家都有规定，不出错怎么可能，《人民日报》都出错呢！假如有人跟你说这不对那不对，你不要当回事，很正常。假如要求一个字也不错，不是不可以，但投入的精力太大了，没必要。"

高怀波从一开始整理会议纪要，到后来参与店刊编辑、编写内部教材，再到后来担任《信誉楼人》总编辑，还撰写了从《十五年耕耘》到《信誉楼：三十年耕耘》的耕耘系列图书，在企业文化建设方面发挥了重要作用。

信誉楼在用人方面，有一个理念，叫作"超越自我，留有余地"。张洪瑞经常教育年轻员工，能做一个优秀的"营长"，就不要非让自己去做一个吃力的"团长"。

这并不是让年轻人不求进取，恰恰相反，是帮助员工树立正确的上进观，懂得自己的能力是从"把简单的事情天天做好"中获得的。在本职工作中做一个出色的自己，就是在积累能力。

也正是基于这样的思考，信誉楼不赞同"不想当将军的士兵不是好士兵"。

许多人不理解。因为人总是要有追求的，难道鼓励年轻人有追求错了吗？

张洪瑞说，有追求没错，但同一个追求是不是适合所有的人？是不是每个人都适合当"将军"？如果当上"将军"以后，他的感觉是疲惫和痛苦，这个"将军"对他来说又有什么意义？他告诉自己的年轻员工，有追求是应该的，但要弄明白追求的目标是不是自己需要的，是不是符合自身条件。

张洪瑞不赞同"不想当将军的士兵不是好士兵"的理由有四个：

首先，现在有些年轻人好高骛远、眼高手低，用这样的话来教育他们，只能使他们更加浮躁，为自己订立过高的目标，而不能踏踏实实地干好眼前的工作，这样他们只会产生过多的受挫感、失落感，反而影响他们的发展，甚至一生。

其次，实际上，社会需要大批的优秀"士兵"，而"将军"是极少数，不提倡也不会缺。

再次，当上"将军"不仅靠个人努力，在一定程度上还要靠机遇。大家都知道内因和外因的关系。以鸡蛋为例，给受精卵一定的温度就能变成小鸡，而石头却不能。但是，大家想想，在无以计数的鸡蛋中，有多少能被送进暖房？绝大部分被人们吃掉了。所以个别不能等同于一般，就像买彩票，中奖者毕竟是极少数，万万不可拿偶然当必然来误导年轻人。

最后，拿破仑何许人也？一生穷兵黩武，他的这句名言无非是为了让无知的士兵为他的侵略战争卖命，我们怎么能拿他的话误导年轻人呢？

张洪瑞说，他在14岁的时候曾在日记中写道："我永远是一个好兵，但不是将军。"别说将军，他说自己连小领导都不想当，从小就没有过什么远大的理想，但有一点：干一行爱一行。

他与自己的员工一起讨论过这个问题：人应该干一行爱一行，还是应该爱一行干一行？张洪瑞的答案是：干一行爱一行。

人如果能从事自己喜欢又能挣钱的工作，是最好的。但是，毕竟大多数人的爱好是很难与工作重合的，我们需要用一种理智的态度面对自己所要从事的工作。谁会喜欢干体力活？在面对仅有的一道菜——咸菜条时，谁还有心思把它做成美食？但是，只要把自己的心态调整好了，从这些事情中同样能找到乐趣。

他不断提醒年轻人，要选择好自己的人生定位，既不要勉强自己，也不要浪费自己。

如果真正想要达到的目标，是凭借自己的努力可以达到的，我们一定要去努力追求，并且在这个过程中享受追求的快乐。这样，即使最后达不到最理想的目标，我们也不会后悔自己浪费了生命。

但是，勉强自己同样不可取。如果勉强去做一项工作，会做得很累，且不容易出成绩。那时候，上级不看重你，下属不服你，你收获的只有疲惫和痛苦。选择一项不胜任的工作，选择本身就是一种错误。

著名的思想家门肯曾经讲过这样的话："如果你是一棵大树，你就应该成为栋梁之材；如果你是一棵小草，你就去装饰大地。大地少了你也会缺少一份生机。"

信誉楼在为员工安排工作，考虑其日后发展时，都会考虑他的特长是什么，他以后干什么工作最合适。适合管理工作的，可以往管理方向发展；有服务特长并喜欢服务工作的，也可以在柜台上做自己喜欢的服务工作——高星级优秀导购员同样会有一份不错的收入，并且同样可以得到尊重，这份尊重不光来自企业给他们的荣誉，还来自许许多多每当购物就会想起他们的顾客。

"在适合自己的位置上充分体现自身的价值，是人生最理想的定位。"张洪瑞说。

成功人生：有益自己，有益社会，无怨无悔

张洪瑞给成功人生所下的定义是：有益自己，有益社会，无怨无悔的人生，才称得上是成功人生。

信誉楼的企业图书《追求成功人生》是如此区分"成就"与"成功"的关系的：

成就，说直观一些就是指能挣很多钱，能有一定的职位和地位，在工作中出成绩等。成就有大小，可以量化。

成功，我们可以理解成一种幸福和快乐的感觉。它可以不受金钱、职务、地位的影响。

"人们通常习惯用成就的大小来衡量成功的程度，认为成就越大越成功。这种观念造成了很多人明明生活、工作得不错，却不快乐、不满足，为自己无法拥有令人称道的成就而苦闷失落。"张洪瑞说。

"人生所追求的，归根结底是提高生活质量，而提高生活质量有许多方式，并不是只有取得高成就这一条路。"

"而且，世界上最珍贵的东西其实是免费的，换句话说，是用金钱、地位等换不来的。如亲情、爱情、友情、亲近大自然等。"

"如果把高成就当作成功唯一的标准，在取得不了高成就的时候我们就会沮丧、不幸福。在有了高成就的时候，我们可能还会在欲望的驱使下不满足，只想拥有更多，或害怕失去现在所拥有的。仔细想想，人活到这份儿上，其实也是一种悲哀和不幸。"

"可如果换个角度细心观察，你就会发现，在我们身边，有些人从事的就是普普通通的职业，也没有什么高成就，但他们能得到别人的信任和认可，自己也能体会到成就感和自身价值实现的快乐，照样能拥有成功人生。"

怎样才能享有成功人生？信誉楼人认为，在选好人生定位的基础上，成功人生需要具备的三要素是：身体、能力、品格。

它们三者之间的关系用公式表示如下：

$$（身体＋能力）×品格＝成功$$

身体好坏、能力大小有先天因素，不完全由自己左右；而品格是后天培养的，是完全由自己做主的。身体、能力可以影响成就的大小，但是即使身体、能力先天有不足，只要有好品格，也能享有成功人生。可见，在这三个要素中，品格最重要。

信誉楼《追求成功人生》的序言中旗帜鲜明地强调：“为人处世，品格第一。一个品格卑下的人很难立于人群，更不用说立业。所以，信誉楼人一向注重夯实经商先做人的品格根基。”

信誉楼人讲品格，不是道德说教，更不是做样子给别人看（在没有他人在场的情况下、在没有他人监督的情况下和面对困难、压力、诱惑的情况下选择做什么，更能反映一个人的真实品格），而是帮助大家提升能力、素养。

在众多的好品格当中，信誉楼人选择了十项作为重点崇尚的好品格。只要拥有了这十项好品格，就能为自己的成功人生奠定坚实的基础。

这十项好品格是：诚信、感恩、宽容、用心、谦和、严谨、明智、执着、爱心、文明。

以排在第一位的诚信为例。信誉楼人坚信，对于个人而言，诚信是一个人的立身之本；对于信誉楼这个企业来讲，诚信则是企业的立业之本。一个人如果不讲诚信，无法在社会上立足；一个企业不讲诚信，也不会有长久的发展。

信誉楼人认为，诚信有三个层次：第一个层次，说到做到，兑现承诺；第二个层次，在信息不对称的情况下做到不欺不骗；第三个层次，不但做到前两条，并且一开始就能够切实为他人着想。

信誉楼以前用纸质考勤表的时候，每天的考勤表由员工自己填写，迟到了只要如实注明理由，不会受到任何惩罚。但如果不如实填写，则会受到严肃处理。

一次，一位员工业校课没去，同宿舍一位同事代答到，结果受到严厉处罚。这在局外人看来，也许有些小题大做，但这是有关诚信的原则性问题，在信誉楼，任何时候诚信这一品格都不能打折扣。

"当诚信是稀缺资源的时候，谁拥有了它谁就能成功。现在，随着人们对诚信的认识逐渐加深，整个社会都在向讲诚信方面发展，诚信虽不再稀缺，但它却像水一样，成为人们赖以生存的根本。"《追求成功人生》中写道，"为了能够适应社会的发展，能使自己过上体面的、受人尊重的生活，我们就要注重培养诚信这种好品格。"

上海社会科学院的王成峰在《由真及诚，及诚而信——信誉楼的实践与意义》一文中认为，信誉楼的实践提供了诚信实现的机制，使诚信不是消极意义上的他律，而是积极意义上的自愿，"信誉楼在从员工培训到员工经营活动目标设置的各个环节中，通过学习培训强化诚信服务的道德观念，而且通过将道德评价作为考核手段进行刺激，并在生活关怀中让员工感受道德的温暖，促使诚信成为企业上下员工的一种德性，因而在信誉楼的经营实践中，诚信成为一种人人自愿的品质"。

包括诚信在内的十项好品格，是成功人生的重要因素。那么，什么样的人生算得上是成功人生？信誉楼认为，有益自己，有益社会，无怨无悔的人生，才称得上是成功人生。

有益自己，即做自己喜欢的事，并能从中获得相应的回报，能收获快乐和满足。有益社会，就是自己所做的事情，能为社会创造价值，为别人带来幸福。

通俗地讲，只要我们在生活中过得快乐，在工作中立足本职，做出色的自己，我们生活愉快，自身价值也得到充分体现，这就是信誉楼人追求的成功人生。

央媒专题：风清气正的小气候，这里没有人情债

作为信誉楼的员工，还有特别幸福的一点，就是没有人情债。

红白事、生孩子、乔迁新居、逢年过节等人情往来，以及各种目的和名目的请客送礼，已经成了人们的一大负担，甚至成了一个时常被提起的社会问题。但信誉楼这个拥有 4 万名员工的企业里，却没有这个问题。

信誉楼成立之初，张洪瑞就在企业内提倡不请客送礼。这项制度是怎么推行的呢？他拿自己的女儿张迎春开了第一刀。

1990 年的"五一"国际劳动节，张迎春结婚。张洪瑞找到亲家公做工作，让小两口旅行结婚，不撒信儿、不请客、不收礼。

"五一"前，和张迎春关系较好的一些员工，陆续开始送礼品表示心意。张洪瑞听说后，让女儿把收到的礼品全部退回，并告诉女儿、女婿以及另一对也是"五一"结婚的员工别再收同事的礼品，并随后做出口头规定，员工之间今后不允许再送礼，由企业代表全体员工送上一份礼金表示心意——这样，员工少了一份负担，同时因为企业代表全体员工送了礼，也不会觉得失礼。

1991 年，信誉楼《企业内部员工不允许请客送礼的规定》以书面形式正式出台，内容包括："公司员工遇有婚、丧、嫁、娶、生孩子、过生日、定亲、搬迁新居、晋升、离职等情况，严禁任何形式的请客送礼""公司员

工遇有婚、丧、嫁、娶情况时，公司以全体员工名义统一办理""下级不准给上级送礼。逢年过节，不允许下级看望上级或给上级拜年。倡导同事间亦不看望、不拜年"等。

有了这么一个看似不讲人情但实则充满人性的规定，员工完全没有了请客送礼、人情往来的苦恼。后来，张洪瑞的两个儿子先后结婚，张洪瑞也都没有摆一桌酒席，没有收企业员工一份贺礼。

张洪瑞的父亲去世的时候，他在丧事办完后把员工随礼的钱都退了回去。他母亲去世的时候，公司已经出台了不允许送礼的规定，没有一个员工再随礼。

有人曾问他，出台这个规定，是不是不喜欢这种人情往来的风气，张洪瑞说，出台规定的本意，就是为员工着想，减轻员工精神和经济上的双重负担。

如今能够做到这一点，也成了信誉楼的一大特色。的确，信誉楼有这么多员工，如果没有这样一个规定，单单红白事之间的人情债，就会让员工们吃不消，逢年过节的互相走动，也会让人不胜其烦。

社会上，人们对信誉楼的这种做法无不竖大拇指称赞。中央人民广播电台在 2001 年 1 月的一期《午间一小时》栏目里，用一个小时的时间，以"这里没有人情债"为题，专门报道了信誉楼的这一做法。

都是同事，难免在一起聚会吃饭，这时怎么办？

信誉楼有规定：下级不允许请上级吃饭，但上级可以请下级吃饭——可以上级出钱，也可以 AA 制。另外，下级将老家自产物品、不用的物品（学生书籍除外）送给上级，或者下级到上级家吃饭捎带食物、酒水等，也属于明令禁止的请客送礼行为。

信誉楼这样做，切切实实起到了减轻员工压力的作用，让员工可以身心放松、心情舒畅地工作。同时，这样做也产生了净化内部人际关系的效果，有利于在企业内营造公平公正的环境。

曾有一位主管问张洪瑞："经理，咱们不允许送礼，也不让当面拜年，电话里问个好怎么也禁止呢？"

张洪瑞说："咱们企业这么多人，如果都给我打电话，我接得过来吗？你们之间，要是打电话拜年的话，给谁打不给谁打也是个事儿，都打吧，也没意思。所以咱们就都不用打了，大家安安心心过个年更好！"

"当然，社会上礼尚往来的风气毕竟对员工们的影响太深。明明知道这样的规定对自己有利，却还是有员工偷偷违反规定。但一经发现，都将被严肃处理。"

规定出台初期，曾有员工因送礼和结婚时收礼受到严厉处罚。慢慢地，风气形成了，员工从习惯上认可了这个规定，遵守着这个规定。

其实，国家提倡移风易俗已经很多年了，但这个问题仍然存在。从政府倡导到民间呼吁，媒体上也多次公开探讨这个问题。

1999年10月，张洪瑞在与部分职工座谈，谈到为年轻人的成长创造合适环境的问题时，曾以比喻的方式解释"小气候"："大家知道什么叫小气候吗？过去我在生产队种地时，冬天，在菜地迎风一面竖起一道用柴草做成的风障。这道风障，起到了为田里的菜挡寒保温的作用。在风障的保护下，菜田就比周围田里的环境更有利于菜的过冬，也就是说它有了一个好的'小气候'。"

也正是从这个意义上，信誉楼为员工营造出风清气正的小气候。

以人为本：那些被成就的信誉楼人

张洪瑞20多年前就说过："维持企业与员工关系的不仅是感情，更是彼此的需要。员工需要什么？一是企业有前途。企业没前途，再好的待遇也留不住人，因为企业没前途会使员工缺乏安全感，害怕树倒猢狲散。二是个人能得到施展和发展，也就是企业能够成就员工。三是得到尊重——渴望公平公正、积极、健康向上的环境，能在工作中获得幸福快乐。四是合理的薪酬。"

无疑，信誉楼人是幸运的，也是幸福的。

在这样一个追求健康长寿的企业里，在人本文化的浸润、熏陶下，懂得怎么做人，练就一身本事，真诚友善、简单清爽、积极愉悦、感恩知足，不攀比、不虚妄，享受工作、享受生活，被人尊重和羡慕。

创业元老与信誉楼是彼此成就的。

信誉楼创业元老孔令远，是黄骅市滕庄子乡（今滕庄子镇）孔店人，毕业于天津高等工业学校机械制造专业，当时担任滕庄子乡修造站的技术厂长。

在一次赶吕桥庙会的时候，修造站里的小卖部也去出摊，并且挨着信誉楼的摊位。张洪瑞从另外一位创业元老赵文伟口中知道孔令远是个中专生，又会经商，便向他发出"来信誉楼一起干"的邀请。

1984年冬天，张洪瑞第一次到孔令远家。那天，他是先坐了一段货车，又骑着"铁驴"赶到的。张洪瑞晕车很严重，一进屋就倒在炕上，"我晕车，先歇会儿"。等缓过劲儿来，张洪瑞坐起身，跟孔令远论了论年纪，两个人同年，孔令远大几个月。张洪瑞说："大哥，我听说你要去深圳、去莱芜，你哪儿也别去，来信誉楼帮我吧！"

孔令远有点儿动心，但他小时候被过继给大伯，就是大伯的儿子，得听他的。当时大伯在炕上坐着，就是不开口。直到张洪瑞走了，大伯才说："咱和他也不熟，能信吗？"

本以为张洪瑞碰了壁就算了，没想到过了几天，他又骑着"大铁驴"来了。这次，孔令远爱人也说出了担忧："洪瑞，我得养仨孩子。你那个信誉楼，能行吗？"张洪瑞半秒都没犹豫："嫂子，我家里也有老人、孩子。你就放心，但凡有我吃的，就有你们吃的！"

当张洪瑞第三次骑着"铁驴"来的时候，孔令远真的被感动了："咱何德何能让人家三番五次来请？人家这么看重咱，我就觉得，洪瑞有股子韧劲儿，有头脑，跟着他干准错不了！"

孔令远到信誉楼上岗第一天，张洪瑞特别高兴，请他下馆子。哥儿俩在小饭馆里，吃着小菜、喝着小酒，兴之所至，张洪瑞考老大哥《曹刿论战》，孔令远背了上半截，张洪瑞兴致勃勃接了下半截，《曹刿论战》刚背完，张洪瑞又起头背上了《从百草园到三味书屋》……

将近40年后的2023年春天，孔令远觉得当时的情景仍然历历在目，"别看洪瑞穿着打扮普普通通，但他真是实实在在的儒商。他的智商和情商太高了，说的话都是老百姓的大白话，但句句都是哲理。"

孔令远1985年1月进入信誉楼任业务经理，2001年退休，在信誉楼干了一辈子。不仅如此，孔令远的爱人也在信誉楼干到退休。

孔令远说："洪瑞的思维方式很特别，做事都在'道儿'上，爱用心琢磨，把复杂的问题简单化。他所创立的信誉楼企业文化，句句朴实、句句在理。"

1942年出生的张国旺，当时是生产队里的车把式。1984年，张国旺的大侄子推荐他去信誉楼的时候，张国旺心里是犹豫的。彼时，民营企业在老百姓心目中不是首选。怎么才能确保自己的下一步是对的？张国旺给自己定了个标准，一不看企业，二不看工资，他要看人。

看什么人呢？看信誉楼创始人张洪瑞。

在信誉楼的前两个月，张国旺心思还没转过来。忙完了手头的事情，他就盯着张洪瑞看，看他怎么待人接物，看他怎么管理企业。

两个月后的一天晚上，张国旺和妻子正在家里包饺子，外面传来"咚咚咚"的敲门声。开门一看，张洪瑞安排专人给他送工资来了……

"我记得特别清楚，两个月的工资，120元，2元一张，总共60张。"2023年春天，张国旺已经81岁，他眉飞色舞地回忆说："我还什么都没干呢，工资就先来了。行，我就认准张洪瑞了，下定决心要在信誉楼干下去。"

创立之初的信誉楼，人少事多，职责没有完善。张国旺当时40岁出头，社会阅历和经验方面都比较突出，渐渐地，大伙儿遇到问题都来找他，于是张洪瑞给张国旺定了个岗位，叫"不管部长"。张国旺也给自己在信誉楼定了位，"有人领导我服从，没人领导我负责"。

张洪瑞管张国旺叫旺伯，每次都是旺伯长旺伯短的，这一喊就喊遍了整个信誉楼，旺伯成了信誉楼人的旺伯。员工不管年岁大小，都喊他旺伯。就连大外孙来找姥爷，敲了门后都大喊："我是来找旺伯的。"

信誉楼那会儿的门市，总共分为七八个组，不管百货组、五金组、食品组，还是后来建立的生产资料组，基本上都会找旺伯帮忙。

因之前搞运输，旺伯和各个委办局、银行、房产公司等都很熟悉。于是，旺伯跑遍了之前去过的这些地方推销商品，去供电局推销防暑物品，比如草帽、茶叶；去砖窑厂推销糊窑门的纸和架砖坯子的塑料板。

八里庄是旺伯的老家，八里庄建砖窑厂的时候需要U形管，旺伯不会写U，建筑队开玩笑地跟他说："U形你都不知道，你来推销啥呀？"信誉楼创业之初，几乎没有人看好。当时流传一句顺口溜，"信誉楼信誉楼，三年之后扒砖头"。而在信誉楼发展起来，1997年建了新商厦之后，旺伯把这句顺口溜改成了"信誉楼信誉楼，三年之后搬新楼"。

退休后的旺伯，搬到了公司为创业元老们准备的宿舍楼里。旺伯这样总结他的退休生活：信誉楼信誉楼，信誉楼的老人真是牛，老年日报天天瞅，开资[⊖]聚会来喝酒，年年还有外地游。

以张国旺、孔令远为代表的创业元老，成就了信誉楼，而信誉楼也成就了他们。

中生代[⊜]正与信誉楼共同成长。

为了信誉楼的发展，张洪瑞求贤若渴，想方设法延揽人才。除了他自己认识的、别人介绍的、信誉楼员工推荐的，到 2000 年前后，开始重点引进中专生。

为什么重点引进中专生而不是大学生？一方面，那个年代，贵为"天之骄子"的大学生，数量比较稀少，在人才市场上极为抢手，而信誉楼当年还没有这么大的名气，很难吸引大学生前来工作。另一方面，那个年代的中专生，国家都是包分配的，那些初中阶段品学兼优的孩子，大多因为家庭因素或者经济原因，想尽快毕业找份工作赚钱养家。

恰好沧州就有一所财经类的中专学校，既符合张洪瑞对于人才的要求，又专业对口，匹配信誉楼的工作需要，因此成为一个重要的人才来源。

信誉楼财务总监于珍中专毕业没多久，经面试进入信誉楼，已经在这里工作了二十多年。比于珍低两级的师弟师妹，在毕业前一年的 1998 年，幸运地遇上了信誉楼的第一批大规模校招。

那一批学生中，有 30 多人经面试合格后，选择到信誉楼工作，其中就包括信誉楼现任董事长李炳正、副总裁许胜利等，他们说："老董事长很重

⊖ 开资，当地方言，意为发工资。

⊜ 中生代，指介于创业元老和年轻员工之间的主力员工。

视我们，说我们就是'大学漏'，隔三岔五找我们座谈。我们这批学生，有的入店三个月就当记账员了，普通员工都是以年为单位才会提拔；有的半年时间就以'火箭般的速度'开始干主任，而一般都需要两三年的积累才可以。老员工都很羡慕我们，说：你们多好啊，发展这么快。"

李炳正和许胜利后来才知道，信誉楼很多老员工如刘爱敏等，都跟老董事长建议，要尽早给这批学生机会，留住这批学生，他们那种爱才惜才的心情，非常迫切。

当然，不可能所有招聘来的人才都齐头并进，也有人心高气傲，最终选择了离开。张洪瑞也一直在关注他们这批人的成长，李炳正和许胜利回忆说："人才培养'清棵蹲苗'的做法，在我们这一级学生身上，体现得特别明显。当时有个同学，表现非常突出，工作也非常主动，但耐不住寂寞，不久就离开了，老董事长由此考虑，如何夯实人才成长的基础。"

从大规模校招中尝到甜头后，每到实习季或者毕业季，信誉楼就到学校里宣讲，张洪瑞跟学生们讲，信誉楼是如何"大商不奸"的，信誉楼的企业文化是怎样的，信誉楼是如何对待人才的……

晋州店总经理韩邦庆比李炳正和许胜利低一级，他就是被张洪瑞吸引来的，他们那一级，面试后到信誉楼工作的有 20 多人，其中还包括集团公司营运总监刘子祺、蠡县店总经理王智、桓台店总经理田炳礼、藁城店财务部经理刘文丽、儿童事业部 HRBP（人力资源合作伙伴）霍淑君……

毕业于沧州另外一所中专学校的保定店总经理王建发兄弟三人都在信誉楼成家立业，成为一段佳话。

1980 年出生的王建发，老家在河北省沧州市盐山县的一个村子里，父母是本本分分的农民，靠种地的微薄收入养活一家七口，生活困难。王建发上初中的 60 元学费是借的。村里人都替他家发愁——将来拿什么给三个儿子盖房娶媳妇？

王建发的中专班级里，有 28 个来自黄骅的同学，平时没少听他们讲到信誉楼——讲诚信，待遇好，企业安稳，环境单纯，同事真诚朴实。2001 年春天，信誉楼第一家分店青县店招聘储备干部，王建发当即报名，并顺利通过面试，他从实习生做起，经历了柜组主任、部门经理、科室主管、楼层经理岗位，在青县、桓台、莱芜等地的多家店流动，2014 年被提拔为总经理。

一起入店的女孩张树静，和他彼此欣赏、相爱。2003 年，他们凑了几千块钱，简单、热闹地举行了婚礼。

王建发的两个弟弟分别小他 3 岁、5 岁。在大哥王建发的影响下，两个弟弟于 2005 年前后进入信誉楼，也都找到合适的岗位，遇见心仪的女孩，结婚生子。

受企业文化的熏陶，他们都懂得感恩，孝敬双方父母，兄弟姐娌间相互关爱体谅，这么多年没红过脸。

对于他们的成长和收入，他们的父母非常知足、欢喜，也尽心尽力地支持他们——这 20 多年，跟随儿子多地流动，照看孙辈。虽然辛苦，但很幸福。

王建发的父母感慨说："我们做梦也没寻思能过上这样的日子，就像天堂一样！儿媳妇比闺女还亲，都很懂事。他们当初办婚事都是自己凑的钱，亲家们也支持。村里人羡慕我们家，说把孩子们培养得这么好。我说这都是沾了信誉楼的光，像学校，忒出息人了！盼着信誉楼越来越好，让更多人沾光！"

优秀导购员王丽娜钻研、学习李渡酒相关知识的经历，正是她在信誉楼被成就的一个过程。

作为女性的她不喝酒，原本也不懂酒，但到烟酒柜组工作的一年多时间里，她从零开始研究白酒文化，见缝插针向供应商和合作伙伴请教，并从他们的鼓励和指引中收获了信心与进步。

在李渡酒业举办的全国合作伙伴通关比赛中，王丽娜两次获评先进个人。王丽娜说："从第一节课，我就积极发言。"一天的培训结束后，李渡酒业的京津冀总经理深受触动，即兴总结，号召现场所有人学习信誉楼王丽娜的积极状态。

"我们经营的白酒品牌，除了李渡，还有很多，我们必须把每个品牌研究透，才能让自己更加专业，可以为顾客提供针对性服务。"王丽娜说。

在信誉楼，像王丽娜这样的优秀导购员，切实践行"视客为友"理念，他们成就了顾客、成就了信誉楼，而他们自己也在这一过程中被成就。

被信誉楼成就的中生代，在企业得到了历练，增长了才干，活出更好的生命状态。他们的子女耳濡目染，诚信感恩、积极乐观、自立担当也成为他们下一代的品格特质。

作为信誉楼的中生代，他们因信誉楼而成长，信誉楼也因他们而茁壮。

年轻人与信誉楼未来可期。

这样的感受，在信誉楼的优秀主任身上，有更加明显的体现。

某珠宝柜组主任小王，1990 年出生，2016 年 4 月 17 日入店，现在已经独当一面，她说："在信誉楼被尊重、被看重的感觉，是外人很难理解的。"2022 年有一家友商开业，给小王开出了高额工资，还找人做她老公的思想工作，小王的回答是："他们给的工资是一时的，但未来的成长我看不见。"

1986 年出生的小刘，目前是某中老年服饰柜组主任。家人对她大学毕业后去商场卖货很不理解，小刘是这样跟父母解释的："其实我们跟事业单位差不多。"

生于 1990 年的小于，目前是某化妆品柜组主任。当年谈恋爱的时候，她一开始刻意不找信誉楼的，但往往聊着聊着就没法聊了，说不下去了，"三观不合"，到最后，她的对象还是信誉楼人，"在这个团队，我们就像战友，是互相信任，可以背靠背的。说实话，也不是没有外面的机会，但之所以舍不得走，是我不敢保证，在下一家企业还能再遇到这样一群人。"

负责某品牌男装柜组的小李，1982 年出生，已经在信誉楼工作了 13 年。她特别感慨信誉楼的氛围，"我们是双职工，有时候接送孩子来不及，经理一个人开车，就把孩子们一起给接回来了"。有一次，孩子打闹，把消防箱的玻璃给打坏了，小李赶紧找到经理说明情况，问需要赔多少钱。经理开口第一句话就问："孩子有没有事，手有没有划到？"

"信誉楼人做事情的出发点，都是从爱的角度。"小李说，"其实，幸福感不是看你怎么说，而是大家心里的真实感受到底如何。"

这些年轻人的身边，有一些离开信誉楼然后又回来的人，他们曾经被问为什么，得到的回答是："别的企业是索取，信誉楼是给我营养，让我成长。一份工作有没有价值，要看到底是在给你的人生充电还是放电。如果一直在放电，放到一定程度，没有充电的来源，你也就失去价值了，别人也不会再看重你。"

从创业元老到中生代再到年轻人，这些被成就的信誉楼人，体现自身价值、享有成功人生的经历，让人们明白：到信誉楼工作，不只是一份职业，更是一种人生选择。

中国式美好企业

切实为他人着想

张洪瑞不止一次说过，信誉楼只要始终做好"切实为他人着想；把主要精力放在做企业而不是赚钱上"这两条，就一定能够健康长寿。

从第四章的内容中，我们已经了解信誉楼是如何"把主要精力放在做企业而不是赚钱上"的，本章会着重介绍信誉楼是如何"切实为他人着想"的。

"切实为他人着想"是信誉楼经营理念的根基。所谓"他人"，即"利益相关者"，在信誉楼《理念集锦》的释义中，对此有明确解释，主要包括：员工、消费者、供应商、商界同仁、周边住户、各界朋友。

切实为员工着想，集中表现为关注关爱员工，这也是第五章的主题——"让员工体现自身价值，享有成功人生"。

一个企业为社会提供的价值，首先并不在于它为社会提供了什么样的产品和服务，而是企业作为一个组织，从其诞生的那一刻起它就创造了一种组织生活方式，从而影响甚至创造了其内部员工对整个生活的态度，因而企业首先背负的是对员工的责任。

张洪瑞有自己的经营辩证法：一心想赚钱的路越走越窄，只有诚心诚意为消费者和供应商着想，才会财源滚滚。

"'顾客至上'是从经营的角度讲，必须以顾客为重，视顾客为亲友；而'员工第一'，则是针对内部管理而言。'顾客至上'要靠员工去实现。'员工第一'是落实'顾客至上'的根本保证，如果职工心情不愉快，怎么能善待顾客？"张洪瑞在题为《"员工第一"是落实"顾客至上"宗旨的根本保证》的讲话中是这样说的，信誉楼40年来也是这样做的。

切实为顾客着想，集中表现为"视客为友"的服务理念。

企业价值的实现，最终是由消费者决定和承担的，信誉楼人清楚地认识到这一点，他们把企业在消费者中的口碑视为企业的生命，因此信誉楼极其重视对消费者的诚信，坚持视客为友。

现在很多企业热衷于商业宣传和商业噱头，却忘记了提供优质的商品和服务才是商业的本质，而信誉楼则一直把提供优质的商品和服务视为最大的诚信。

切实为供应商着想，让供应商有利可图，始终是信誉楼在与供应商打交道时坚持的原则，因为信誉楼相信，"我利客无利，则客不存；我利大客利小，则客不久；客我利相当，则客可久存，我可久利"。

切实为其他利益相关者着想，提倡和谐共生的商业理念，高扬"具有高度的责任感，以向社会负责为己任"的企业精神，以实际行动成就中国式美好企业。

如同《信誉楼健康发展之秘诀》中所说，信誉楼要为政府、社会着想，弘扬一种良好的社会风尚，也要为周边住户着想，处理好和周边住户的关系，建立和谐的邻里关系。

信誉楼通过多年努力，为企业营造了一个良好的生态环境，达到了多方共赢的局面：企业中员工与员工之间和谐；员工与企业和谐；企业与企业之间和谐；企业与社会和谐；特别是员工自我心灵和谐的最高境界。

经过40年研究、探索和实践，信誉楼已形成了自己独特的经营管理模式和独具特色的文化理念体系，探索出了一条适合中国百货业的发展道路。

在商业文明的意义上，作为中国式美好企业样本的信誉楼、"切实为他人着想"的信誉楼，正在重构人与人的信任，激发心与心的共鸣。

场景再现：当顾客向你走来的时候……

对于如何定义与顾客的关系，信誉楼是有过一段探索历程的。

最早的时候，信誉楼是这样表述的："顾客是我们的衣食父母。"这句话出自信誉楼20世纪90年代早期制定的《经营宗旨与信条》最初版。

1994年的时候，信誉楼在当地电视台做了一则形象广告。"到信誉楼去，当一回上帝"，这句听起来有些拗口的广告语，在当时的黄骅流行一时。这时的信誉楼把顾客称为"上帝"，显然是受了社会上流行说法的影响。

尽管外人对此很认可，但张洪瑞总觉得有些不对劲。他想，既然要求员工们面对顾客时要热情周到，那么把顾客当"上帝"怎么行呢？员工们怎么会从内心产生亲近感呢？到信誉楼来的消费者，与信誉楼导购员之间，应该是非常融洽、和谐的关系。

1996年冬天的时候，信誉楼职工业校组织了一堂讨论课，讨论的内容是如何为顾客提供热情周到的服务。王国选老师让大家讨论这样一个话题：当顾客向柜台走来时，导购员心里最先想到的应该是什么？

讨论非常热烈，有的员工说，应该想自己有信心、有能力接待好这位顾客；有的说，应该仔细观察顾客，看他可以达到什么样的消费水平，有什么样的消费意向，然后向他推荐合适的商品；还有员工说，应该想无论如何不能让顾客流失，要想方设法把商品卖出去……

这时坐在台下听课的张洪瑞，心里忽然一动，他对顾客与导购员关系的认知一下子清晰了起来。他站起身来走上讲台，说道：“我们一直要求，服务中要站在顾客立场想问题，为顾客利益着想，那么怎样才能做到这一点呢？很简单，当顾客向你走来，你就当成是你最亲近的同学、朋友或者亲人在向你走来。商品能不能卖出去与你的收入又没有关系，只要能满足他们买到合适商品的要求，你就是一名合格的导购员。”

的确，导购员如果最先想到的是“我是卖东西的，他是买东西的，我要想方设法把东西卖出去”，那么双方的关系就变成了纯粹的钱货交易，导购员就很难站在顾客的立场去想问题。而把顾客当成自己的亲友，导购员就会替顾客考虑，买什么样的东西最合适、最划算，就不会让顾客吃亏上当。

老一辈人流传下来一句俗语：从南京到北京，买的没有卖的精。可见，在很多人的认知中，买卖永远都是对立的关系，永远不可能是一条心。

但张洪瑞这段讲话，却从信誉楼的经营实践中总结出一个道理：商家与顾客之间绝不是对立的关系，完全可以是一条心，而且他们本来就应该是一条心。

随后，信誉楼大张旗鼓地号召员工视顾客为亲友，业校作业也连续多期让员工们介绍，自己是如何把顾客当成自己的亲友的。

随后，王国选老师为这种服务方式起了一个时髦的名字：视客为友营销法。后来，信誉楼出了一本小册子，就叫《视客为友营销法——营销个案集锦》，里面收录的都是信誉楼员工站在顾客的立场上，为顾客提供热情周到的服务、保护顾客利益的案例。

近 20 年后的 2015 年，在《中华好家风》节目现场，主持人把同样的问题抛给了现场的两位嘉宾，一个嘉宾说：要把快过期的产品卖给他；另外一个嘉宾说：要尽可能多卖合格产品给他。无论如何，两位嘉宾看问题的角度，都是盯着顾客的钱包。

主持人问张洪瑞如何看待两位嘉宾的观点，张洪瑞没有直接评价，而是这样回答的："我告诉大家一个思路，你把他当成你最好的朋友、最好的亲人，你卖了多少货，与你的工资没有关系，你如何接待好他，才是最重要的。"

现场听到张洪瑞这一思路的著名词作家、国家一级编剧阎肃（当时已经 85 岁高龄），直呼"今天我开眼了"。

卖多卖少跟工资没关系，那么如何激励导购员呢？信誉楼考核的，是导购员商品知识的丰富程度，是能否视顾客为亲友（就是顾客的满意度）。

一般商家中，导购员的工作就是把商品卖给顾客，销售额的高低应该是评价一个导购员工作成效的最直接标准。而信誉楼的导购员们，也经常要面对顾客以及到信誉楼考察者这样的提问："你们的提成是多少？"

信誉楼导购员的服务在当地有口皆碑，许多企业甚至一些政府职能部门，都提出了要学习信誉楼人的服务。而这样的服务，没有一套激励办法是做不到的，在一般人看来，只有靠"提成"才能做到。然而在信誉楼，包括导购员在内的任何人的收入，都不与销售额挂钩。

销售额虽然从一定程度上说明了一个人的工作能力，但这绝不是评价一个信誉楼导购员工作的唯一标准。信誉楼甚至不提倡统计个人的销售额，在对员工个人的评价中，销售额只能起到非常小的作用。

信誉楼不把导购员的销售额与其收入挂钩，是因为一旦挂钩，势必会让员工过分追求销售额。为了增加自己的收入，他们就会想尽一切办法把商品卖给顾客,这时顾客的利益不可避免就要受到损害,那么"视客为友"岂不成了一句空话?

20世纪90年代,信誉楼也曾经有个别经理,对自己下属的员工实行收入与销售额挂钩,即为导购员设定一个定额的基本工资,再设定一个不定额的浮动工资。浮动工资的多少,就看导购员这一个月的销售额高低。

刚一实行,问题便出来了。同一柜组内的导购员,为了争夺顾客而产生矛盾,经营同类商品的不同柜组之间,为了争夺顾客也产生了矛盾。这种明争暗斗,顾客甚至都可以感觉到,有时会把顾客弄得非常尴尬。对对方商品的互相贬毁,直接损害了企业形象。而对员工来说,如果不能把销售额提上去,不只意味着收入的减少,还要面临主任和经理的指责。

实行工资与销售额挂钩的商品部内,同事之间的关系变得紧张。为了提高销售额,导购员们开始强行推销,像街边摊贩那样,把根本不适合顾客的商品卖给顾客。

张洪瑞及时叫停了这种做法。然而,虽然取消了"计件工资",但有些经理还是非常依赖用销售额评定员工工作。

在张洪瑞制止了这种做法很长时间之后,有位经理依然以销售额为主要标准,对员工工资评级,而且对销售额低的员工看不上眼,在经理工作会议上,张洪瑞非常生气地对这种做法进行了批评:"过分依赖销售额,是一个经理无能的表现。如果销售额高了就是好员工,销售额低了就不是好员工,这样的经理谁不会当?这样的经理,是在把员工往欺骗顾客的路上推。"

信誉楼不只对导购员的评定不依赖销售额,对柜组主任、商品部经理乃至楼层经理,也都没有把收入与效益挂钩,而是更多地关注他们对过程的管理。因为一旦挂钩,他们就会把任务层层分解,最后"分解"给顾客。

这样就容易理解,为什么信誉楼的导购员尽管很热情,但不会劝你买他的商品，甚至有时会劝你别买。因为他这样做，恰恰是工作好的表现，他会因此在顾客和上级那里得到一个优秀的评价。

"视客为友"服务理念，是在企业核心价值观的基础上形成的。作为信誉楼的服务特色，"视客为友"同其他事物一样，也经历了一个孕育、产生和成长的过程：

从 1984 年开业到 1996 年，信誉楼在服务中强调的是"讲诚信，买卖不欺"，这是视客为友的雏形阶段。

1996 年明确提出视客为友，变"买卖两样心"为"买卖一条心"。

1998 年到 2001 年，进一步明确了员工的职责——为顾客当好参谋，帮助顾客买到合适的商品。

2001 年到 2019 年，致力于"为顾客提供解决问题的方案"，对员工提出了更高要求——帮助顾客合理消费、提高顾客生活质量。

2019 年至今，在视客为友原则的指导下，打造真诚、专业、有温度的卖场。

视客为友第一阶段：讲诚信，买卖不欺

1984 年张洪瑞创建信誉楼的时候，一些人靠投机就能赚钱，但张洪瑞选择了一条不同寻常的路——靠信誉求发展。

在别人看来，这条路既难走又遥远。可张洪瑞乐得其所，他说："我这是傻小子拾柴火——就认那块地。离了这块地，怎么都不行。"

张洪瑞还这样说过："人人都说'无商不奸，无奸不商'，我们偏要反其道而行之，因为我们认为'大商不奸'。社会上的欺骗行为越多，说明社会上越缺少诚信，信誉也就显得越珍贵，谁拥有了它，谁就能走向成功。"

当时，信誉楼发生了很多令消费者难以置信的案例。

1993年底，信誉楼从南方进了一批西服，样式很好，卖得也很快，上市几天便取得了不错的销售额（当时物流不畅，长途进货比本地进货要便宜得多）。其中一位顾客为自己买到如此合适的西服而扬扬自得，却被在另一家百货公司上班的家人泼了冷水："西服是不错，我们柜组也卖，我们的售价和信誉楼差不多。"

几句话就把这位顾客原本对信誉楼的信赖、期望，刹那间打上了问号，甚至让顾客有被欺骗的感觉：信誉楼长途进来的货，怎么价格和本地商品差不多？怎么想都觉得不甘，这位顾客辗转找到张洪瑞，讲述了此事。

起初，张洪瑞还不相信，更何况，男装柜组的主管，还是他最信任的一位干将。但当张洪瑞了解情况后，他甚至比这位顾客还觉得"心寒"。

张洪瑞身边的人后来回忆说，这是记忆中张洪瑞自创办信誉楼以来，第一次如此动情。虽然这批西服加价后，价格并没有超过当地的市场价，多卖出的钱也没有流入个人腰包，男装柜组的主管也是本着为信誉楼多赚些利润的初衷，但这种做法还是违反了信誉楼的规定，张洪瑞狠狠地批评了这位主管："做生意不能赚昧心钱，加价率高也是不讲诚信，你们这样做，是在砸信誉楼的牌子，把企业往绝路上推啊。"

事情既然已经发生，仅仅批评、处罚主管显然不够，张洪瑞同时责令调低这批西服的价格。但如何挽回已经产生的社会影响呢？张洪瑞决定主动向社会认错道歉，向那些已经知情的和不知情的、已经购买的和没有购买的消费者，公布自己的这一失信行为，并以诚意和行动，挽回消费者的信任和表明自己讲信誉的决心。

对于已经购买了这批西服的顾客，信誉楼接受无条件退货或退款。不少上了年纪的消费者，还记得黄骅电视台当年播出的那则致歉广告："信誉楼不慎售出一批加价过高的西服，总经理张洪瑞特向广大消费者致歉，并请买到这批西服的顾客到商场领取退款。"

仅这一次，信誉楼就为顾客退款上万元。可此举非但没有如之前有些人担心的"信誉楼多此一举""信誉楼花钱买亏吃"，反而让广大消费者更清楚地认识到信誉楼讲信誉的本质，也更加赢得了广大消费者的信赖和支持。

也许有人会说，信誉楼会炒作，利用一次"道歉"为自己博得了"讲信誉"的名声。但试想，有哪家企业敢于在这样的情况下，主动承认自己的错误并甘愿承担一切损失？又有哪家企业敢接受消费者的监督，天天、事事、处处讲信誉，坚持诚信经商？这样的坚定、果敢，又岂是一两次炒作就能做到的？

信誉楼有这样一个不成文的规矩：哪怕责任在顾客，信誉楼也必须把理让给顾客。这样做看似会吃点儿小亏，但长期坚持将心比心，信誉楼得到的是比什么都珍贵的信誉。

"电机退钱事件"也是如此。

1985 年孔令远进入信誉楼担任业务经理，正是大搞建设的时候，光黄骅就有 76 家砖厂，加上周边有 100 多家。砖厂需要用电机，孔令远从天津大厂子淘换来一台积压的库存电机，又便宜又好用。加了一半的价格卖给砖厂，还比市场上便宜，砖厂老板高兴坏了。张洪瑞知道这件事后，严厉批评加价超出规定，当即派人骑着自行车赶了好几十里地，把多收的钱退给了砖厂。

事后张洪瑞专门跟孔令远讲明道理，孔令远才体会到他的良苦用心："想把一件事做长久，就得把眼光和格局看更远。"果然，从那以后，窑厂主之间口口相传，信誉楼的口碑更好了，不管小电机还是大电机，只要是砖瓦行业的，都来信誉楼买，那真叫供不应求。

从取店名为信誉楼，到开业伊始推行"五试一退"；信誉楼从开业第二年推出全国第一张信誉卡，实行"售货随带信誉卡"制度，到彻底实行不二价制度并大张旗鼓地宣传"到我楼看价，去他处花钱"；从1994年公开发表《信誉宣言》，到1996年设立退换货接待处……这些开风气之先的种种举措，真正"以信誉为本"，奠定了"视客为友"的基本原则。

在这个阶段，信誉楼在顾客的心目中已经成了"信誉的象征、服务的榜样、价格的标尺、购物的向导"。

视客为友第二阶段：变"买卖两样心"为"买卖一条心"

以1996年通过职工业校课的案例讨论明确提出"视客为友"为标志，信誉楼在"以信誉为本，切实维护消费者利益"的思想基础上，形成了具备鲜明特色的对待顾客的态度、方式和方法。

视客为友的本质，是强调信誉楼与顾客之间，变买卖关系为亲友关系，变"买卖两样心"为"买卖一条心"。这是张洪瑞哲学思维的具体体现。

买和卖其实很难"一条心"，别说在当时，就算现在也是如此：买的想又便宜又好，卖的想赚钱越多越好。这是对立的，怎么能统一？

但张洪瑞不是这么思考的。他认为，到信誉楼，你是顾客，也是亲友，信誉楼站在亲友的角度帮顾客挑选产品，顾客是不是能买到真正又便宜又好的东西，这是不是就是一条心了？

当时，也有好多人跟张洪瑞说："你这样容易把顾客给惯坏了。"张洪瑞朗声回答道："我就要把顾客惯坏！"

实践证明，为他人着想，最后赢家是自己。

当然，员工们从接受这一理念，到自觉把它落实到工作实践中去，是有一个过程的，信誉楼业校课通过大量案例分析，反复讲解讨论，最后使员工达成共识。

从《被顾客遗忘的连衣裙》这个案例中，可以清晰地看到信誉楼人作为卖方，是如何跟买方"一条心"的：

许久未到店的杨姐，今天来到柜组，打完招呼后，杨姐说想选一款风衣，十月中旬孩子订婚时穿。

我赶紧给杨姐道喜，通过聊天得知，杨姐想选一件风衣，既可以搭配连衣裙出席一些场合时穿，又可以平时穿。

结合杨姐的需求，我为她推荐了一款风衣，这款风衣采用高贵的绛紫色，细节处采用链条包边的设计，孩子订婚时穿很显品质，过后也可以搭配衬衣和裤装穿，杨姐特别满意。

为体现整体的穿着效果，在试穿中我还为杨姐搭配了一条酒红色连衣裙，寓意是大红大紫，适合孩子订婚当天穿，杨姐说这个颜色和面料都很喜欢，很痛快地说"来这一套吧"。

我并没有着急开单，而是告诉杨姐："我记得之前您买过一条酒红色连衣裙，家里有一条，可以先试试，因为穿红色裙装的机会比较少，没必要多买一条。"

杨姐说："也是，你不说我都忘记了！我确实有一条红色的连衣裙，还是你们想得周到，太谢谢你了，时时刻刻为我着想，我那条连衣裙又能派上用场了。"最后杨姐很高兴地离开了柜组。

《赢得顾客的信赖》这个典型案例，则体现了信誉楼人"能少卖不多卖"的理念：

几天前的一个上午，我刚做出品尝粥来，看到一位大姨从我们柜组经过，我赶紧上前打招呼，询问大姨有什么需要帮忙的。

顾客表示只是闲逛，没有什么需要的，我便盛了一杯刚熬好的小米粥，递到她跟前说："大姨，我刚熬好的粥，您帮我品尝一下，看看口感怎么样。"

大姨说："我熬了这么多年的粥，不用尝，一看你这粥的颜色，就知道它好喝，你粥里的米跟你们卖的这个小米是一样的吗？"

我说："对，是一样的，这是我们新到的一款小米，好熟易烂。"

大姨品尝后表示非常好喝，说："我常在别的超市买小米，很难遇到这么好的小米。姑娘，你给我多称些吧。"我赶紧给顾客拿了一个袋子并告诉她："我给您少称一点儿，回去尝尝，好喝再回来。"

大姨说："我就在附近住，回去尝尝，要是好喝，回来再多买些。"

没想到，当天下午这位顾客又回到了柜组。随行的还有几个年纪相仿的大姨，顾客说："我中午回去便品尝了你们的新小米，确实好喝。我把几个好姐妹也喊来了，她们也想买你们的新小米，你给我们姐儿几个一人称上十斤。"

我赶紧说："大姨，天气热了，随买随吃就行，您先买些回去吃着，等吃完了再回来买。"

大姨说："我们买回去是为了给孩子们也分一些。你们这儿的米这么好，让孩子们也尝尝。信誉楼的员工就是好，为我们想得真周全。"

大姨们走的时候还特意加了我的微信。过了几天，又有大姨来我们柜组买面粉，一进柜组就找那天卖给她小米的那个姑娘，临走之前表示以后买米面就来找我。

用我们的好服务、好商品，用我们的真诚赢得顾客的信赖，我们信誉楼人一直都在做。

把顾客当作自己的亲朋好友，发自内心地为顾客着想，真诚对待顾客，

才能换来顾客长久的信任。

1997 年、1998 年入店的几位老员工都还记得，实习第一天，男鞋柜组主任就明确教给她们如何区分皮与革，并强调主动向客人说明材质；羊毛衫柜组主任则要求告知顾客，只要是羊毛的，就一定会起球，这是正常的，是由材质和工艺决定的……

究竟关注销售额等短期利益，还是着眼于重复博弈的长期利益？信誉楼人的选择非常简单：宁肯这次因为如实告诉顾客而导致顾客不在你这里买，等顾客在其他地方上当后，他还是会相信你。这个选择背后的考量，一方面是诚信，另一方面是视客为友。

"能修不卖""能少卖不多卖""卖合适的不卖贵的"以及"知道同行有更好的促销商品时提供给顾客信息"等理念，让信誉楼人逐渐认识到，为顾客着想的做法，在某一次交易中，甚至在某一段时间内，可能不盈利，甚至赔钱，但努力维护了顾客的利益，就会赢得顾客的信任。赢得了顾客的信任，还愁没有利润吗？顾客因信任而经常光顾的企业，还愁不会发展吗？

如果说，"讲诚信，买卖不欺"的出发点，更多的还是想怎样做好买卖的话，那么明确"视客为友"之后，更多的则是要求导购员把"买卖两样心"变为"买卖一条心"，换位思考，想顾客之所想，急顾客之所急，一颗诚心待顾客。

视客为友第三阶段：为顾客当好参谋，帮助顾客买到合适的商品

1998 年，一位来信誉楼求职的大学生问张洪瑞："你们是卖什么的？"他回答说："我们不是卖什么的，我们是帮助顾客买什么的。"

以此为起点，发展至第三阶段的"视客为友"，进一步明确了员工的职责——为顾客当好参谋，帮助顾客买到合适的商品。

这一阶段的重要标志性事件，是将售货员改为导购员。

在此之前，信誉楼的一线员工，同其他商家一样，也叫"售货员"。但在老董事长提出"我们是帮助顾客买什么的"之后，"售货员"这一称谓与其职责就不相符了，于是公司接受了一位员工的建议，把"售货员"改称"导购员"。

这绝不仅仅是称谓的改变，实质是立场、观念、职责的改变：立场上，从站在自己的角度"售货"，改为站在顾客的角度"导购"；观念上，从"以利润为中心"改为"以服务为中心"；职责上，从"卖货收钱"改为"当好参谋"。

"导购员"的职责是导购，是为顾客当好参谋，帮助顾客买到适合的商品。导购员既要尊重顾客意愿，不强行推销，又要主动热情，当顾客拿不定主意时，应主动推荐，甚至帮顾客拍板——既然顾客是我们的亲友，为什么不给亲友出个好主意呢？

信誉楼采取员工收入不与销售额挂钩等举措，确保员工一心一意帮助顾客买到适合的商品。

而"帮助顾客买什么"的题中之义，是站在顾客的立场上挑商品的毛病。张洪瑞告诉信誉楼的主管们，要让消费者感觉从信誉楼买回去的商品用着舒服，要把自己当成顾客来挑商品存在的问题，然后把有问题的商品淘汰，引进那些为顾客提供更多方便的商品。于是，当用到真正有效的除臭鞋垫后，他立即反馈给有关柜组；当发现纸扇的紧固轴容易松脱后，他又让柜组想办法解决这个问题。

信誉楼《视客为友》典型案例中，有个《帮助年轻父亲买玩具》的案例，淋漓尽致地体现了"为顾客当好参谋，帮助顾客买到合适的商品"这一理念：

一位年轻的父亲，想为刚出生几个月的儿子买一辆一百多元的遥控车。

我想：他是初做父亲，不知买什么好吧？于是，我慢慢对他解释："几个月的孩子，一般不会玩遥控车，待他长几岁再说吧。现在可以给他买些花铃、吊铃之类色彩鲜艳或能发出声音的玩具，既适合他玩，又可以发展他的反应能力，您看好吗？"

这位年轻的父亲听完我的话，激动地说："卖东西的哪个不是花言巧语让顾客多花钱？而你们却推荐便宜的商品。信誉楼就是不一样！"

最后，他采纳了我的建议，花了十几元，买了一包花铃之类的幼儿玩具，高兴地走了。

再比如2001年第4期《信誉楼人》上的这篇《把每一次接待都当作一次机会》：

一位女顾客走到我们柜台前，我立即微笑着和她打招呼："您好！您想看双鞋吗？""是的，我挺喜欢你们这儿的鞋。"随后，我主动地推荐和介绍商品。

可是，顾客在听我介绍时却面带难色。开始，我还以为是自己的服务不能令顾客满意，正想用什么办法挽回，顾客却先开口了，她说："真不好意思，我虽然对鞋很满意，但现在不能买。说出来不怕大姐笑话，我婆婆忌讳正月买鞋。所以，只能看看，看好了，以后再说。"

噢，原来是这样。不过，我并没有因为顾客不买而冷淡她，而是体谅顾客的难处。她想买鞋却不能买，心里肯定有些别扭，我应该让她高兴才对，于是我便更热情地对她说："通过您尊重老人的感受，就能看得出您是一个孝顺、贤惠的媳妇，既然老人有这个忌讳，过几天再买，还不是一样嘛！"

顾客听后，满意地说："你们信誉楼人就是善解人意。""您太客气了，我们应该谢谢您，请您以后多关照！"顾客最终高兴地离开了柜台。

视客为友第四阶段：为顾客提供解决问题的方案

2001 年之后，随着中国在加入 WTO 后迎来快速发展，市场发生着日新月异的变化，商品极大丰富，顾客需求也不断升级。为了顺应新形势，更好地满足顾客需求，信誉楼提出"为顾客提供解决问题的方案"。

这一要求，把信誉楼人的服务水平又提到了一个更高的层次——帮助顾客合理消费、提高顾客生活质量。顾客需要的看似是一件商品，实际上是为了解决某个问题、满足某项需求，导购员要弄清顾客真正的购买意图和需要，提供解决问题的方案。

比如这个《因为专业所以高效》的案例：

临近下班，一家三口来到柜组，女顾客表示要给上小学的儿子选一款手表。说话间孩子已经跑到了运动手表柜台，指着一款表说："阿姨，我要这个，这款和我之前的手表差不多。"

小朋友选的是一款超大表盘的漫威表，我笑着给小朋友把手表拿了出来。我观察出孩子个子很高，但是手腕粗细还是比较适中的，手表戴上后，表盘明显有些大。我便跟孩子说："你个子真高，但是你的手腕好像不是很有肉肉呢。"妈妈听了笑着说："他是挺瘦的，手腕比较细。"

接着我又在迪士尼品牌里选了一款运动款式的，表盘稍微小一点儿，刻度指针是白色的，和孩子的肤色、气质搭配起来很和谐。"阿姨帮你推荐一款，两款对比一下，看看更喜欢哪一款。"

孩子很配合地伸出手腕，把表搭在手腕的一瞬间，孩子嘴角上扬，歪了一下头，说："这个好看，我就要这个了。"妈妈看了也很喜欢，非常痛快地到收银台交了款。

专业才能高效。整个接待过程不到三分钟，在这三分钟内我快速地为顾客选到了满意的商品。练就更加专业的服务技能，提升顾客满意度，我一直在路上。

《为顾客提供合理购物方案》的案例，也是如此：

一位男顾客来我们柜组买核桃仁，经探询得知，顾客是想给上高三的孩子补脑。

我便建议顾客最好买核桃，因为相对于核桃仁来说，核桃的口感更好而且营养不易流失；再者，剥完核桃仁剩下的分心木，可以用来泡水喝，对高血压、高血脂、失眠人群有帮助。

顾客听了非常高兴，又问我："还有什么食品对高三的孩子好？"我又给顾客推荐了健脑益智的腰果和缓解压力的开心果，顾客听后，说："各来一斤。"

我提醒顾客："如果家离这里不远，最好先少买点儿，吃完再来买，我们这儿商品周转快，随时都是新的。"顾客非常认可，便要求先来一斤腰果。

在给顾客包装商品的过程中，顾客说了一句："真熬人啊，天天陪孩子，觉都睡不好！"我抬头一看，顾客的眼底有充血现象，根据我所掌握的知识，判断顾客应该血压偏高，便询问顾客："您是不是血压不太好？"顾客很吃惊地说："是啊！你咋知道？"

因为顾客体型偏瘦，而在选择商品时又喜欢咸味的，我便跟顾客说："您平时肯定喜欢吃咸，口味比较重，建议调整一下饮食习惯：少油（每天25～30g）少盐（每天不超过6g），多吃蔬菜水果，如含镁的绿叶蔬菜和含钾的香蕉等。再配合有氧运动，如每天快走半小时以上，对您的身体还是有很大帮助的。"

顾客开心地说："谢谢你，怪不得牌子上 4 颗星呢！态度好，懂得多，跟你学了不少东西！我终于明白你们信誉楼为什么这么红火了，听你的我回去试试，吃完再来找你。"

我们要真正做到为顾客着想，把顾客当作亲人一样对待，掌握丰富且专业的商品知识，为顾客提供合理的购物方案，让顾客吃得营养健康，提升生活品质。

想要为顾客提供解决问题的方案，就要求员工具备一定的专业水平。2020 年，张建港总裁明确提出"提升服务的专业化"，随着事业部制调试的推进，信誉楼开始围绕"提升员工专业化水平"逐步发力，通过借助品牌厂家资源以及专业培训机构等资源，不断提升员工的岗位胜任度。

对于如何"打造真诚、专业、有温度的卖场"，我们将在第八章"视客为友的理念不会变"部分具体展开。

客我利相当：切实为供应商着想

除了切实为员工和顾客着想，信誉楼也主张切实为供应商着想。

消费者是商业经营活动的下游，而商业企业在上游还有供应商。很多企业跟供应商打交道，都是想方设法压低产品价格，并努力把经营风险转移给供应商，但是信誉楼却不这么做。

对于供应商，信誉楼坚持换位思考，考虑供应商的利益，不使供应商为难。让供应商有利可图，始终是信誉楼与供应商打交道坚持的原则：我利客无利，则客不存；我利大客利小，则客不久；客我利相当，则客可久存，我可久利。

在这一原则下，信誉楼规定：不搞代销，不拖欠供应商货款，不向供应商转嫁风险；不接受供应商回扣，纯洁合作关系；不接受供应商宴请，避免给供应商造成麻烦；做供方心目中值得信赖的长期合作伙伴。

在具体操作中，信誉楼是这样做的：

给供应商留出合理利润区间，不极力压低进货价格。

零售业有一种怪现象，以盘剥供应商为获利模式，向供应商收取高昂的进场费，并附加名目繁多的各种费用——促销费、人员管理费等，据说某知名家电零售连锁企业，给供应商的合同多达 200 多页，其中一半以上是收费条款。信誉楼从来没有把供应商置于敌对位置，而是给供应商留下合理的利润区间，不伤害供应商的生产积极性。

减少退换货，不把经营风险转嫁给供应商。

退换货是零售企业与供应商合作中经常遇到的问题，退换货的方式、方法及频次，直接关系到供应商的切身利益。

为了防止柜组向供应商转嫁经营损失，信誉楼制定了《柜组回供应商处退换货检查内容及相关规定》，明确规定了相应的退换货标准，例如："由于节假日备货量过大压货，节后不允许调回；多次进货后不允许将剩货调回供应商处换新款。"

甚至对于必须要退换货的商品也有明确规定，例如："对退换货的商品要像对待自己的商品一样爱惜，保持整洁，同时包装袋要与商品一致，减少供应商整理货品的麻烦。"

这些规定，从制度上保证了把维护供应商利益落到实处。

即时结算，不拖欠供应商货款。

目前中国零售市场上用现金进货的零售企业，是比较少的，特别是那些有规模、有实力的企业，大多采用账期的形式。

而在过去的很长一段时间内，用现金进货是信誉楼与供应商合作中的一大优势。信誉楼用现金进货的目的，是提升与供应商合作的优势，从而降低商品进价，让利于顾客。

当然，合作双方约定认同的合理账期，是比较通行的做法。对于有些零售企业违反商业合同，人为将供应商的货款逾期压在自己企业十几天甚至几个月，充实自己的现金流和财务收入，却给供应商带来风险，甚至以不合理账期作为获利手段之一，信誉楼认为是十分不恰当的做法。

因为信誉楼遵循的理念是诚信，与供应商建立真诚的合作关系，从不拖欠货款，甚至为供应商着想，采购商品以即时结算为主。正因为信誉楼总是从自身规范自己，所以被很多供应商视为值得信赖的合作伙伴，将心比心、投桃报李，也反过来给予信誉楼各方面大力支持。

不给供应商添麻烦，不占供应商便宜，不向供应商索要物品。

有一家羽绒服厂商，与信誉楼合作多年。一年冬天，气温明显偏高，导致该厂商的羽绒服销量大幅下降。按照约定，该厂商应该付给信誉楼21万元补偿款。

但信誉楼负责人综合考虑后认为，滞销是暖冬所致，与厂商无关，决定免去补偿款。该厂商十分感动："人心都是肉长的，信誉楼切实为我们着想，我们也会这样对信誉楼。只要信誉楼有要求，我们一定第一时间满足。"

对于业务人员与供应商接触时应该表现出的行为规范，信誉楼做了极为细致的规定，如："不提倡喝供应商提供的瓶装水、饮料；不允许让供应商派车接送；不允许使用供应商的电话（含手机）；不允许私自向供应商索要货柜等物业；不允许私自向供应商索要相关费用。"

信誉楼还向所有供应商发出信函，诚恳地希望它们不要向信誉楼的业务人员赠送礼品，也不要给予个人回扣，因为这样很可能使业务人员无法抗拒诱惑而葬送前程。

给供应商提意见、建议，帮助供应商。

因为零售企业直接面对消费者，所以能第一时间感知市场和需求变化，如果能及时将这些信息反馈给供应商，有可能给供应商带来非常大的价值。

黄骅店烟酒柜台的柜组主任在卖商品的过程中发现，很多年轻人对新鲜事物很感兴趣，相比白酒、红酒，他们更想尝试新的东西。在一次电视广告中，他发现有一种瓶装鸡尾酒的定位就是年轻群体，应该会有很大的市场前景。他把信息反馈给合作的酒品供应商，建议进一些这种鸡尾酒来试卖。供应商听取了这位柜组主任的建议，结果鸡尾酒的销售明显好于供应商预期。

中华老字号山东潍坊瑞福油脂调料有限公司，从 2010 年开始与信誉楼合作，到 2023 年的时候，双方合作金额已经达到 700 万元。瑞福油脂 KA（关键客户）部部长刘刚友对信誉楼员工"连供应商的瓶装水都不喝"钦佩不已，"信誉楼销售好、回款快、费用低，与他们合作，我们只要按照合同约定执行就可以，清清爽爽"。

刘刚友说，这与瑞福油脂"走正道、走大道"的理念不谋而合，"之前我一直在琢磨，为什么公司名字叫信誉楼，通过这么多年合作，我们都切身感受到了'信誉'这两个字的重量"。

竞争伙伴：同行是冤家？切实为商界同仁着想

如果说，切实为员工着想、切实为顾客着想、切实为供应商着想，还没有超出人们对于商业经营的理解范围，那么，当张洪瑞和信誉楼提出并践行"切实为商界同仁着想"的时候，的的确确超出了绝大多数人的认知。

中国有句俗话，叫作"同行是冤家"。从常理而言，这句话并不难理解：既是"同行"，竞争关系便注定存在，市场份额有限的前提之下，同行越多，意味着各方所分得的市场"蛋糕"越小，由于逐利天性，自然同行之间会"相看两生厌"，"同行是冤家"的俗语便由此衍生。

但善于系统思考和哲学思维的张洪瑞，明显是从更高的维度来看待这一问题的。所谓"不畏浮云遮望眼，自缘身在最高层"，当张洪瑞和信誉楼将着眼点放在整个商业生态上的时候，一个超脱于一城一池之得失的信誉楼版"主观为自己，客观为他人"，便活灵活现地呈现于人们眼前。

"竞争如果以打垮对手为目的，不论结果如何，有一点是肯定的，那就是树敌太多、结怨太深，给自己的企业无端制造一个非常恶劣的环境。如果以宽广的胸怀视对手为伙伴，采取共赢策略，就可避免彼此敌对、猜疑、紧张的局面。"张洪瑞一直强调，"真正的强大不是消灭对手，而是练好内功，在保持自己不败的基础上，与对手共同发展壮大。"

当然，并不是因为信誉楼现在做大了，才摆出这样一副高姿态。事实上，信誉楼从成立之初，便秉承这样的理念，因为这是企业的核心价值观决定的。或者更根本上，是由张洪瑞的为人决定的——他对自己自信，对他人谦和，体现在与同行的关系上，也就不可能是鱼死网破。

信誉楼不搞恶性竞争，不参与搞商战，更不以把对手打败为荣耀，而是倡导与众多商家一起，取长补短，互相学习，合作双赢，共同培育潜在市场，共同做大商业"蛋糕"。

竞争与竞合，虽然只有一字之差，却体现出信誉楼人的包容，体现出信誉楼人的博大胸怀。

随着信誉楼在河北、山东、天津等地开设的商厦越来越多，影响越来越大，更多地方的消费者希望信誉楼也能到他们那里开店。很多人都说过类似的话："你们来这里吧，这里的消费能力强，但现有的这些商场经营水平太差了。你们一来，准能把它们顶黄了。"

的确，在人们的印象中，能把同行"消灭"掉，是企业强大的标志。不过，信誉楼无论到哪里开店，更多呈现出来的是"成就伙伴"，而非"消灭对手"——张洪瑞从来不用"竞争对手"这个词形容同行，他用的词是"竞争伙伴"。

对手之间是你死我活的关系，共存的结果只能是"零和"甚至"负和"，这绝对不是张洪瑞所追求的。而伙伴则不同，既然是伙伴，那么利益就应该是一致的，经营行为的结果会是"正和"。

他说："其实，对手也是伙伴。如果你为了争输赢，对手就是敌人；如果你为了提高，对手就是伙伴。确定你与对手的关系，要看你的目的是什么。我干企业是想持久健康发展，而不是挤垮别人，那么我们的对手就成了伙伴。对于打算远途旅行的人来说，是希望有个旅伴的。"

在历史哲学著作《枢纽：3000年的中国》一书中，青年历史学者施展就中国历史演进的逻辑展开了具体而微的探索。他认为，"只有将一己之私包纳在一个普遍秩序当中，才有可能真正实现自己的（国家）利益""历史是在真正的意义上由成功者与失败者共同铸造的。成功者缔造其特殊性的一面，使得具体的秩序得以成立；失败者铸成其普遍性的一面，使得秩序获得其赖以维系的精神价值"。

张洪瑞思考的是信誉楼以及当地商业生态，施展分析的则是中国历史以及全球文明秩序，对象不同、身份不同，但就分析问题的思维高度以及战略格局而言，有异曲同工之妙。

正如张洪瑞所说："人类作为自然界中的强者，需要保护好每一个物种。因为任何一个物种的灭绝，都会形成一个连锁反应，触及人类的根本利益。自然界是这样，商业界又何尝不是如此？作为强者，就要想办法让别人同样过得好。就拿信誉楼对待其他商家的态度来说，我们一直千方百计地为它们创造条件，想让它们过得更好。在内部，我也一直给经理们灌输这个思想。不理解的人以为是唱高调、说便宜话，但真正理解了这个道理，他就明白了。

"任何一个人，生活在社会中都不可能是孤立的，个人生存质量的好坏，与整个生态平衡有很大关系，与环境有很大关系。企业也是如此，它也需要商业的生态平衡。在一个地方如果把别人都打败了，等待你的很可能是灾难，而不是胜利。谁破坏了平衡，谁就会遭到惩罚。所以，信誉楼所到之处没有价格竞争。泊头商厦一开业，泊头其他商家联合行动把价格都降下来了，泊头商厦请示该怎么办，我告诉他们：'一个月内谁也不许动价！'结果泊头众商家一看咱们不打价格战，一个月以后，它们又把价格恢复到和信誉楼一样了。

"做人也是如此，经常让给别人的，往往都是赢家。有些人爱争理，你就让给他，因为很多事情并没有利害关系。把面子让给别人，与人为善，少做一些不必要的争执，会使双方的关系融洽，会让你赢得别人的喜爱。所以说，让给别人的往往是赢家。"

1996年，附近一座城市的一家大型商企，到黄骅开分店，就开在老信誉楼的正对过，单从外观上极易让人感受到巨大的反差——当时的信誉楼只是一座三层小楼，几经扩建后也不足1000平方米，而对方却是一座七层大楼，楼顶上还耸立着一个两层的钟楼，营业面积是信誉楼的好几倍。

对方开业之际，信誉楼在门口挂起了两条落地的条幅广告，上面是张洪瑞想好的广告词，一条是祝贺其隆重开业的，另一条是"与黄骅商界同仁携手共建周边地区商业中心"。

两条条幅，将信誉楼"不搞竞争、搞竞合"的经营理念体现得淋漓尽致：一方面，说明了张洪瑞对自己已然成形的经营方式的自信；另一方面，则表达了他对黄骅市场前景的自信。

多年来，中国零售百货行业以区域发展为主要模式。这一模式有其准入门槛等优势，但容易让自身丧失进化能力。而信誉楼恰恰相反，始终围绕构建自身核心能力，不断提升自己。这是张洪瑞和信誉楼的底气所在。

而当有主管问他，对方公开来人大模大样地抄价格，是不是要阻止时，被张洪瑞制止了。"商品、价格都在柜台上明摆着，藏不住，也没有藏的必要。同行是朋友，互通有无才能相互促进。"他说。

前些年，在信誉楼所有新店开业时，"与商界同仁携手共建周边地区商业中心"的条幅都会挂出来。近几年，信誉楼不再悬挂有形的物理条幅，但"与商界同仁携手共建周边地区商业中心"的无形的精神追求，一直没有改变。

以向社会负责为己任：疫情保供，守护民生的"逆行者"

新冠疫情暴发后，信誉楼在积极贯彻落实国家及当地政府的防疫政策，做好自身防控的基础上，积极主动承担社会责任，千方百计保障民生商品供应，平抑物价，坚决做抗疫道路上守护民生的"逆行者"。

一位在医院生产的顾客，产后没有奶水，通过信誉楼公示的电话联系到东光店，说刚生的孩子，没有准备奶粉、奶瓶，饿得孩子直哭。信誉楼员工一边安抚顾客，一边迅速在一楼挑好奶粉、到三楼选购奶瓶，又到快递处嘱咐送货人员，第一时间将商品送到顾客手中。

有个顾客原定 2022 年 3 月 18 日举办婚礼，因为疫情不能如期举办，但顾客就想图个吉利，于是在 3 月 17 日布置婚房，让 3 月 18 日这天有个氛围的仪式感。但布置婚房时，却发现自己没提前购买"喜"字，万分焦急。于是抱着试试看的想法，联系泊头店，看有没有办法。信誉楼员工收到信息后，用手机与顾客视频连线帮助选购，当柜组主任把 8 个"喜"字送到顾客家中时，顾客既惊喜又感动。

2022 年 3 月 15 日至 4 月 11 日，拥有 60 多万人口的山东省滨州市惠民县，受疫情影响较大。作为当地最大的商超，整整 27 天时间，信誉楼惠民店千方百计寻找货源，保证民生物资充足供应。在千方百计保民生的同时，信誉楼尤其注重做好对特殊群体的关注关爱。

当地一家医院的家属院被划为高风险区，物资配送成了问题。了解到这个情况后，信誉楼主动和当地政府想办法，采取单独下单、集中配送的方法，成功地将生活物资送到了顾客手中。由此，信誉楼成了这个家属院的依靠，每次送货时，听到的都是他们一声声的感谢。

针对独自在家、不会线上购物的老年顾客，信誉楼主动通过电话沟通下单的方式，解决了他们的燃眉之急。当接过送货人员手中的蔬菜时，这些老年人都非常激动，有的说："孩子，真是太感谢你了，等方便时，我请你到家里来做客。"有的还写了亲笔信，表达对信誉楼的谢意。

信誉楼的 40 多家门店，都在做着跟东光店、泊头店、惠民店同样的工作，类似的事例数不胜数。

疫情期间，群众对商品价格更为敏感。信誉楼站在顾客角度，充分发挥集团集采优势，采用农超对接、源头直采、向供应商争取等方式，多渠道采购大白菜、土豆、西红柿等家常蔬菜。

在定价环节，信誉楼严格执行定价标准，合理加价，并设专人每日实时监督。同时，信誉楼还将部分商品定为惠民商品，确保顾客在疫情期间也能得到实惠。

信誉楼的服务理念是"视客为友"。疫情虽然打乱了信誉楼的经营节奏，但丝毫没有影响信誉楼落实"视客为友"服务理念的效果。在疫情面前，信誉楼人加倍珍惜顾客的信任，像为自己挑选商品一样为顾客配货，尽心尽力地为顾客解决疑难问题，设身处地地站在顾客角度为顾客着想，获得了顾客的广泛认可和好评。

信誉楼创立以来，始终坚持"无理由退换货"，赢得了顾客的高度信赖。

2020 年 3 月，信誉楼黄骅店刚刚开门迎客，短短一周内，就办理超期过季退货 3700 多万元。其实，不少前来退换商品的顾客，并非对商品不满意，而是由于疫情，导致他们春节前采买的鞋服等商品，没能派上用场。尽管这些商品都已超过退换期限，但信誉楼还是为顾客办理了退换货业务。

疫情期间，针对顾客不方便到店办理退换货的情况，信誉楼及时开通热线服务电话、设立企业微信客服、推广线上投诉渠道，安排专人处理售后问题，及时为顾客排忧解难。如遇闭店，信誉楼会主动延长商品退换货期限，将闭店时间排除在外，待恢复营业后再为顾客办理退换货业务，让顾客倍加安心、充分放心。

疫情带来的不确定性因素，不仅意味着日常生活中的极不便利，对于像信誉楼这样的商业组织而言，更意味着不可预期的经营环境和市场环境。

河北沧州朝阳店从 2022 年 3 月开始筹备开店，中间因疫情多次延迟开业时间，甚至在开始线下营业之前，就被纳入疫情防控体系进而为民生保供，直到 2022 年 11 月 15 日才正式开业，是信誉楼开店历史上筹备时间最长的门店之一。

虽然自身面临巨大的防疫压力，但面对未知、恐惧、危机，信誉楼人挺身而出，坚守在一线，用单薄的身躯，组成了抗疫的脊梁。微光汇聚星河，平凡成就伟大，因为信誉楼的企业精神，是"具有高度的责任感，以向社会负责为己任"。

重复博弈：最大的赢家是那些从一开始就为他人着想的人

信誉楼核心价值观的释义中，有这样一句话："重复博弈实验表明：最大的赢家是那些从一开始就为他人着想的人。"

所谓重复博弈，是指同样结构的博弈重复许多次，其中每次博弈称为"阶段博弈"。当博弈只进行一次时，每个参与人都只关心一次性的胜负；如果博弈是重复多次的，参与人就不太可能为了眼前利益而牺牲长远利益，从而选择不同的均衡策略。

信誉楼的选择，是"从一开始就为他人着想"。除了员工、消费者、供应商、商界同仁，周边住户、各界朋友乃至自然环境，都被信誉楼视作利益相关者。

一家大型商厦的到来，给周围邻居带来的影响，不光是购物时的便利，也可能会改变以前的安静状态，带来出行不畅、人车喧闹等不便。这些年来，信誉楼时时注意尽量不给邻居们带来麻烦，而且在力所能及的范围内，给周边住户多提供一些方便。

黄骅信誉楼老店刚建成的时候，南侧的停车场还是土路，一到下雨天就泥泞不堪。后来信誉楼出工、出物，把这段路做了硬化，并且铺到了住户的门口，方便了住在信誉楼里侧的居民出行。

信誉楼北侧是一家社区医院。有一年，政府要求各单位对供热锅炉进行改造，不允许再直接排放黑烟。这家医院因财力紧张找到信誉楼，请求帮忙。信誉楼很痛快地拿出一部分资金，帮助对方安装了锅炉的环保装置。

信誉楼每开一家新店，在建设及开业后都非常注重与周边邻居搞好关系。蠡县店于 2012 年 9 月开业，但在施工阶段，因为下雨，西门外的道路被施工车辆带出了好多泥，西边小区居民不乐意，来找商厦反映。

时任保定区域总经理李炳正跟向他汇报情况的主管说："人家找得对！如果换成是咱们，咱们自己住的小区门口的路上弄上些泥，出行不便，咱们也烦。"

之后，他们及时联系工程部和小区负责人，雇了铲车，把路面打扫干净，并且在随后的施工中保证了商厦周围的卫生。开业后，发现居民们晚上喜欢在商厦正门前的广场上跳舞，物业部便给接上了音响的电源，居民们也非常高兴。

信誉楼已经开了多家门店，以前门店开业只燃放少量鞭炮，后来更是以电子鞭炮替代，从来不燃放声太大的大型鞭炮。这已经成了惯例，一方面体现了信誉楼简单的风格，另一方面也是信誉楼站在对方立场考虑问题的结果。

张洪瑞说："咱们自己听到外面的炮声觉得烦，咱们自己要放的话，同样也会让别人烦。"

能认识到自己可能会给别人造成影响，而且能替对方多考虑一些，多付出一些，自然而然就得到了邻居们的理解。

在与邻居们的交往中，信誉楼还刻意不轻易改变已经形成的利益格局。

大约 2006 年前后，黄骅店打算将楼侧的电话亭在合同到期后挪走，因为每逢节假日，停车场上的自行车就停不下。停车场对面还有一个电话亭，也不影响人们打电话。随后，开电话亭的人找到楼上，找这个找那个，跑了好几次，最后非常激动，说他们家几口人的生活就靠这个电话亭了。

后来张洪瑞和大家分析：挪走一个电话亭，对打电话的人没影响，但对开电话亭的人的利益，有直接影响，因为电话亭是他的饭碗。挪走电话亭虽然能多放几辆自行车，但让对方付出这么大的成本，来给我们带来一些利益，这样的事我们不干。最终，这个电话亭得以保留下来。

信誉楼在依法纳税和增加就业的同时，还在力所能及的范围内，为社会文明进步做出自己的努力。

2000年夏天，一位小伙子在黄骅新华街上的信誉楼茶座吃饭时，捡到了1000元钱，交给了餐馆经理，在餐馆经理帮助下找到了失主。这位小伙子是一位马上要到河北科技大学报到的学生。

张洪瑞知道后，认为这种事要提倡，这是个导向问题。他安排寇迎春和创业元老之一的孔令远，专门到小伙子的家里去表示感谢。小伙子家里经济情况一般，去他家的时候，他已经去石家庄读书了。

后来，寇迎春根据张洪瑞的思路，给河北科技大学写了一封祝贺信，祝贺他们录取到了一名品质优秀的好学生，并随信奖励了这位小伙子2000元钱。

为什么是2000元呢？因为张洪瑞说，他捡了1000元，咱们要加倍奖励他，大张旗鼓表彰他这种行为。寇迎春说："我认为，奖励可以，但奖励那么多，是不是有点儿过了？"张洪瑞回答说："要么不奖，要奖就要超出他的想象，给他一个惊喜。"

2023年3月，已经86岁高龄的寇迎春告诉我们，那封表扬信在河北科技大学的开学典礼上被公开宣读，这个孩子后来当了班干部，小伙子认为这件事情对他一生都有重要影响。

从那时起，信誉楼建立了拾金不昧的奖励制度。之所以这样做，是因为信誉楼一直弘扬良好的社会风气。

信誉楼的《员工日常生活行为规范》共分为"为自己负责，养成良好生活习惯""为家庭负责，创建和睦的家庭关系""为社会负责，做社会好公民"三大部分15条，其中的多条内容，如团结家人，搞好邻里关系；拾金不昧，乐于助人，不损人利己；尊老爱幼，助残扶伤，乘车、购物要礼让老弱病残和孕妇；爱护公共设施，不毁树折花，不破坏草坪，保护自然环境；遵纪守法，维护社会公共秩序等，都不仅仅是企业在要求自己的员工，而是在培养社会公民。

泊头信誉楼旁边有一个十字路口，行人闯红灯现象曾经很普遍。自从信誉楼开业后，每天大批穿着信誉楼工作服的骑车人，形成了一道红灯停的风景，并影响了其他行人，闯红灯的人很快就变少了。

社会环境和自然环境，无不直接影响着我们每一个人。为了自己的根本利益，信誉楼人崇尚"天下兴亡，我的责任"。

1995年在沧州市商业系统座谈会上，张洪瑞就讲过这个话题："我主张应维护自身的根本利益，但我要进一步说明的是，自身利益与客体利益的关系是密不可分的，维护自身利益，就要照顾周围客体的利益。宽泛地讲，我们要想生活得更好，就不能不改进自己生产生活的行为方式，要尽量减少污染，维护地球的生态平衡，否则人类自身就要受到大自然的惩罚，更无从谈起发展。

"……我经常对员工们讲，每一个员工的形象，都代表着信誉楼的整体形象，要求他们从日常生活中的一点一滴做起。在商场里，看到老弱病残的顾客，要搀扶他们上下楼；残疾人购物要给予照顾；顾客不经意损坏了商场的设施，不光不能抱怨，还要安慰顾客别在意。走出商场，同样要时刻检点自己的行为，即使出差住旅馆，也要在随手关灯、关水龙头这些小事上注意，提高自己的修养。对外来说，人们往往从企业员工的言行，特别是员工在企业外的言行中，更深刻地了解和感知企业的实质，做出对企业的评价。对内，也需要员工自觉以文明礼貌的言行来宣传企业，也只有这样的员工，才可能为企业整体的提高发展做出有益贡献。"

"长把勺"：商品经济时代的价值规律是如何实现的

董湘岩从河北大学退休后，潜心研究《资本论》。他越研读越发现，张洪瑞这个人了不起，"我研究了 20 多年，发现他早就在这么做了。洪瑞善于系统思考，从人的本性做起，一步一步落实，这是难能可贵的"。

自利利他是张洪瑞的本性，董湘岩认为，基于这一本性的"切实为他人着想"理念，至少在两大方面有极为重大的理论和实践意义。

第一大方面，信誉楼的成功验证了商品经济时代的价值规律是如何实现的。

"在创办信誉楼的过程中，他通过讲故事给大家明道理，把经商作为一项事业来做，信誉楼不是今天干、明天散，而是要做百年基业。如何做到基业长青？"

董湘岩认为，张洪瑞深刻就深刻在对商品和商品经济的认知比较到位，"商品经济时代，任何一个人都是为了追求自己的私利而投身到市场中的。但能否求得利益，不是个人主观意愿决定的，你实现利益的手段、方式、方法，是由社会决定的。也就是说，个人的权利、个人的利益，不是直接实现的，要经过一个社会化的机制运作才能实现。"

"大多数人都忽略了这一点。"董湘岩说，"只有先把物与物的关系处理好，才能实现人与人的关系。"

信誉楼《小故事选编》中那个"长把勺"的故事，在董湘岩看来，是一种充满象征意味的社会化运作机制：每个人要想吃到饭，必须拿着长把勺，我拿勺子往你嘴里送，你拿勺子往他嘴里送，他再送到我嘴里，没有这么一个过程，长把勺里的饭送不到你自己的嘴里。

商品经济时代的价值规律，就是这样实现的。董湘岩解释说："每个劳动者的劳动成果，先要折算成货币，货币到你荷包里来了，你才能享受这个权利。所以，必须把消费者关系、供应商关系、各种各样的关系，都处理到位。每个人都想赚钱，但赚钱的实现，是处理好各种各样关系的结果。所以他强调的是做人做事都要到位，不把赚钱放到议事日程上，把过程做好。"

第二大方面，人力资本股权化制度，不再把劳动力当作商品，而是视为资本。

"洪瑞把商品经济看得比较透，每个人都在拿着长把勺吃饭，社会必要劳动时间相当于长把勺，必须先实现价值，而且在市场上卖出去了，权利才到你荷包里来。社会选择，优胜劣汰。不一定劳动了就有价值。如果是过量劳动，则是无效劳动，商品卖不出去，那就没有价值。赚钱是一个社会过程，必须处理好，最终实现人人快乐成长，人人拥有成功人生。"

让每个人都能追求成功人生，董湘岩认为，这个目标说起来容易，做起来却殊为不易。"不爱财，这是洪瑞身上很难学的一点，也是他办好企业、做好人的工作的一个前提。"

要想从事实上确保不把员工当成赚钱机器，让员工真正成为企业的主人，就必须有制度上的保证。

董湘岩表示："资本不是一种物，而是一种以物为中介的人和人之间的社会关系。在资本的生产过程中，人际关系由于物的权力关系变化，使资本的性质发生了改变：资本（物）的人格化和工人的物化，死劳动与活劳动、价值和创造价值的力之间的关系倒置，才产生了劳动产品与生产者的异化，并导致剥削关系的产生。

"劳动力以商品形式进入生产过程，由于没有要素的所有权，劳动者的劳动力没有实现资本化，因此劳动者也就没有分红权。而资本（物）的人格化，或者人（劳动力）的物化，导致劳动产品与劳动者的分离，劳动力没有实现资本化的劳动者必然被剥削，从而无法避免'劳者不获、获者不劳'的情况。"

正是从这个意义上，董湘岩认为，信誉楼能够实施岗位股的前提，是将人力资源视为资本。"劳动力不是商品，而是资本。把劳动力视作资本以后，公司所有权就可以股权化。废除雇佣劳动制，让劳动力以资本资质进入企业，人力资本股权化与股份形式的物质资本相结合，共同发展创造财富，共享劳动成果。劳动力也必须具有资本属性，公司才能成为大家共有的资本，人人都有所有权的资本。"

这样的尝试不是没有先例。历史上，晋商有一个说法，叫"身股"。100多年前，山西票号就有"出资者为银股，出力者为身股"的举措，也就是把股份分成两大类，一类是银股，需要出钱来占有的股份；还有一类就是身股，不用出钱，由东家根据工龄、职务、贡献、工作状态等给予骨干员工股份，骨干员工凭股份参与分红。身股相当于只有分红权但没有所有权的"干股"，一旦人离开企业，身股也就没有了。

1983年，山东省淄博市周村区长行村大队长张中兴和他关于集体企业股份制改革的《股份条例》，引发了淄博市乡村企业股权制度改革的浪潮，并最终形成了影响全国的"周村现象"。

《中国农村统计年鉴》对周村乡村企业产权制度改革的试验结论是，股份合作制是继家庭联产承包制之后，又一次更深层次的产权改革，这是实现农村合作制的有效形式，也是乡镇企业的制度创新。它找到了个人利益与集体利益、公平与效率的最佳结合点，从而完善了公有制，壮大了公有制，克服和防止了集体资产流失，促进了生产要素的优化组合和农村经济的全面发展。$^{\ominus}$

　　"劳动力是劳动者的财富，它应该作为劳动者的财产权进入企业。也就是说，员工收入应该由两部分组成，一部分是工资收入，另一部分是企业分红。"董湘岩认为，信誉楼、华为、TCL 等公司，是中国经济发展史上劳动力资本化的开路先锋，"通过人力资本股权化的方式，建立生产全要素的资本化联合，这就实现了生产的社会化联合。人人既是股东又是劳动者。所有劳动者联合起来，重建劳动者的个人所有制，让劳动者成为企业的主人，真正走向共同富裕。"

　　$\ominus$　资料来源：乡村企业股份制改革的第一只"螃蟹"。

第 三 部 分

精神谱系

40 年的"变与不变"

03

———

为了生存和取得成功，任何一个企业首先要建立一套完整的信条作为所有政策和行动的前提。接下来，我认为企业取得成功的最重要的因素就是要忠诚地维护这些信条。最后，我认为为了面对世界变化所带来的挑战，企业要做好准备，调整除了这些信条以外的任何东西，但对这些信条则要终其一生地坚持。

——信誉楼《理念集锦》

变
自我进化

在《影响美国历史的商业七巨头》一书中，亨利·福特与"钢铁大王"安德鲁·卡耐基、柯达创始人乔治·伊士曼一起，被视为美国从经济实力明显处于世界第二梯队，到在产出、人均收入和技术进步方面均处于世界领先地位这一阶段的代表人物。

福特的最大贡献，是带领他的团队将汽车制造从手工生产转向了规模生产，规模生产的标志包括：可替换零件、流水线作业、作业标准化，以及一整套高度系统化的生产方式。

对企业而言，这意味着更高的效率、更低的成本、更强的竞争力。但也正是由此开始，作为劳动者的人，被异化为机器大生产的一个环节、一道工序、一个随时可以被替换的零部件。不仅包括视觉、嗅觉、听觉等各种感官，也包括愿望、活动和爱等一切能与客体联系和发生作用的方式，都被极大地压制，甚至被抹杀。

　　轰轰烈烈的工业化进程，某种程度上就是人被异化的过程。"要么生存要么死亡"的二元对立思维，之所以大行其道，并一度被奉为圭臬，自有其深刻的社会因素和时代背景。

　　而在天人合一的东方思维中，天、地、人三者是相应的，万事万物都是有生命的。正是基于这一理念，张洪瑞认为，"企业也是一个生命体"。

　　"你把它看成生命体，才知道它的健康和人的健康是一回事儿。我说过，做大做强，这是物理概念。企业是一个生命体，哪能用物理概念来形容呢？咱要的是做好，这是咱努力的方向。企业做好了，再做大、做强都行，那是自然而然的。但首先你得做健康了。"

　　"健康比规模重要""做好才是努力方向""做大做强是自然而然的事情"，张洪瑞这些极具穿透性和洞察力的真知灼见，在一度过于追求"大干快上"、浮躁冒进的企业管理界，不啻一记惊雷，回声绵延不绝。

　　曾任黄骅市委党校常务副校长的张洪君认为，张洪瑞视企业为生命体的观点，"超越了'机械时代'可控制性、可预见性和'越快越好'等思维方式的束缚"。

　　"他是一个完全的系统思考者，他把具有系统思考能力的组织称为生命体。这样一来，张洪瑞就可以体察事物的发展规律，并使自己的行动与之相适应。"

　　在信誉楼人的心里，信誉楼就像一棵树，前六年一直在向下扎根。根系扎深了就向上生长，伸展枝杈，慢慢成长为一棵非常健康的大树。2001年以后，信誉楼不断从这个母本向外生长。一棵树变成了两棵树、三棵树，如今已经成为一片郁郁葱葱的森林。

　　在这个生命系统中，所有生命体都一同成长。大家相互支持、相互陪伴、彼此共生。

40 年来，信誉楼每天都有新的故事发生，每天面对新鲜事物、新鲜的人，这是一个个体生命和企业生命相互成就的过程。

这代表了信誉楼人对生命体的认知：生长进化中，遇到新的情况，就要做出新的调试和变化；生命中每天都有不同的体验，重要的是享受这个快乐成长的过程；尊重春生夏长秋收冬藏的规律，没有一个冬天不会过去，没有一个春天不会到来……

生生之谓易：变是内在生命力的体现

世间万物，皆在变化之中。"生生之谓易。"

小到一粒种子，生根、发芽、抽叶，每天都会呈现出不同的状态。

大到我们身处其中并正在经历的变局，世界之变、时代之变、历史之变正以前所未有的方式展开。

变化，即事物从一种状态转变为另一种状态的过程，其本质是事物内在的动态性和发展性。

换句话说，变化是事物发展的动力，是事物发展规律的必然要求，是生命力的体现。

信誉楼的 40 年，就是在变化中成长的。

2004 年，针对柜组主任在引进新品上的不同做法，张洪瑞专门做过这样的解读："军事家讲究的是捕捉战机，农民种庄稼讲究的是抢抓农时，商界营销也要善于寻找商机。"

消费者需求的多样性，决定了市场的多变性，这就要求企业必须以变应变。一个好的柜组主任，在引进新品上要有开拓的意识、创新的胆量，要独具慧眼，善于发现和寻找新的商机。优柔寡断、举棋不定会错失良机。拓宽进货渠道，引进新的品种，永远是一个全新的课题。

那句俗语"从南京到北京，买的不如卖的精"，是说买家再精明也不如卖家精明，货品如何，卖家知道，而买家不可能对自己要买的东西样样精通，于是卖家依靠信息不对称的优势去蒙骗买家。

如果以这样的认知去经商，那就势必变成"买卖两样心"，因为双方是分别站在自己的立场去想问题的。但遗憾的是，在相当长的一段时间内，甚至在当下的消费市场上，这样的情况也存在。

不过，话说回来，买家可以受一次骗、两次骗，但不会一直被骗下去，他是会用脚投票的。当买家和卖家始终是两样心的时候，诚信就不可能存在。

张洪瑞和信誉楼从一开始就感知到这一点，于是主观为自己，客观为他人，把"买卖两样心"、互不信任、互相猜疑的现实，转变为"买卖一条心"的切实为顾客着想，已经这样践行了40年。

这种变化，往小一点儿说，让信誉楼的理念和实践与众不同；往大一点儿说，这种回归商业本质的做法，在商业文明的发展历程中，具有移风易俗的标杆示范效应。

从"到信誉楼去，当一回上帝"的广告语，到"视客为友"，变的是表达方式，不变的是为顾客着想的心。具体过程在第六章中已经有了详细交代，其本质，是基于对买方与卖方关系的深入思考，并从更好地满足顾客需求的利他主义出发，给出的信誉楼式选择。

变"学习型组织"为"教学型组织"，则是张洪瑞把现代企业管理理念与中国企业实际情况相结合的本土化创新。

即便以最新的数据来看，服务业从业人员的文化程度仍然偏低。国家统计局发布的《中国劳动统计年鉴：2022》显示，2022年，中国服务业从业人员中，高中及以上文化程度的占比为 47.2%，大专及以上文化程度的占比仅为 27.8%。如果回到 10 年前、20 年前，张洪瑞当时那句"咱企业当初员工文化程度普遍偏低，初中毕业的居多，也有小学毕业的"，绝非夸大其词。

如果不管不顾企业实际情况，盲目地为了借鉴而借鉴、为了学习而学习，可以肯定的是，信誉楼不会获得今天的成长，信誉楼人的获得感、自豪感、归属感也不可能这么强烈。

变化，并且只有基于真实需求的变化，才能真正解决痛点、突破局限。

从"劳动股份制"到"人力资本股权化"的变化，更能充分地证明，一项制度，即便是得到绝大多数人拥戴的制度，一开始也很难做到尽善尽美，而必须通过时间的沉淀和实践的验证，才有可能不断走向成熟。

信誉楼推出每项重大举措前，张洪瑞都会广泛征求大家的意见。有些举措，明明一直受到大多数人的反对，但到最后，张洪瑞却会做出实施的决定，比如论证了多年的退休安置金制度等。

张洪瑞说，尽管我已经认准了，但还是要广泛征求大家的意见，目的就是看有没有人能说服我。如果能说服我，那我就放弃；否则，即便大部分人都反对，我也要推下去。

"这就是征求多数人的意见，少数人讨论，一个人拍板。决策没有完全对的，都有利有弊，但只要利多弊少就应该去尝试。对于平时的一些管理举措，更要想到就做，注重效率，不要追求完美无缺。"

但还有另外一种情况，有些制度实施下去了却发现有问题，需要改正或中止实行。这时决策者必须有错就纠，立即调整。

张洪瑞常引用土光敏夫的《经营管理之道》中的一句话："朝令夕改也是可以的。"不能因为追求完美而影响效率，但发现问题后要敢于承担责任，有勇气立即纠正过来。他说，"这是管理者应有的素质"。

变化的案例，在信誉楼40年的历史中数不胜数。一个完全创新型的企业，从它的机制到体制，再到运行模式和经营管理思想，与其他企业有着根本性的不同，必然会遇到各种全新的问题。

中国经济多年持续增长的一个重要经验，就是用发展的办法解决发展中遇到的问题。作为中国经济中的一个微观样本，信誉楼的做法殊途同归——用变化的办法解决生长中遇到的问题。

在符合规律的基础上求新求变，让信誉楼始终保有旺盛的生命力。

不得不变：成立事业部，提升企业竞争力

2020年推动的事业部制调试和组织架构调整，对张建港和信誉楼而言，是不得不变。

这是外因和内因共同作用的结果：宏观经济形势和市场竞争环境等外因固然重要，但决定性因素是内因——不断上溯产业链上游提升商品竞争力，从而更好地视客为友，不得不变；提升企业竞争力，保证企业文化落地效果，不得不变……

最近几年，外部环境的变化较大。一方面，经济下行压力加大；另一方面，随着我国零售行业的不断开放，国内与国际市场逐渐对接，国内电商巨头开始下探并细分市场，线上与线下的商业企业针对各类客户制定差别化的业务发展策略和营销服务方案，信誉楼同时面临国内外市场的激烈竞争。

与此同时，信誉楼内部也面临不同以往的新情况。

40年来，信誉楼保持着平稳的开店节奏——平均每年不到两家新店。但这是从整体上来看的，如果仔细分析，会发现其中有些年份开出的新店相对较多。

比如，2016 年新开了 5 家门店，2017 年新开了 4 家门店，2018 年新开了 4 家门店。连续三年新开的门店总数达到 13 家，占信誉楼 43 家门店总数的三成以上。

如此大规模开店，在某种程度上陷入了过于追求规模的窠臼，为企业的健康发展埋下了隐患。2016 年，中国经济刚刚进入新常态，从高速增长转为中高速增长，传统增长模式已经不可持续；2017 年，美国贸易保护主义开始抬头；2018 年，中美贸易摩擦发生，其深远影响，一直持续到今天……

没有能够从自身能力出发，加上没有正确判断外部经济形势，导致了一系列问题，其中最严重的，是一些亏损门店的产生——之所以说是严重问题，不在于门店赚钱还是亏钱，而是因为这些门店的存在，一定程度上会影响信誉楼干部员工的信念，影响消费者对信誉楼的信任，影响利益相关者对信誉楼的信心。

张建港认为，之所以发生这种状况，是因为规模的变化给公司带来了新的经营挑战，而外部经营环境本身也在发生变化，"我们开了很多特别好的店，也开了很多特别差的店。近几年，很多新开店的经营效果非常不理想，出现这一问题的原因，不仅是在选址方面的决策失误，其根源在于对规模的追求，超过了对健康发展的追求。"

甚至有一段时间，信誉楼在经济效益和社会效益都不好的地方选址，连续开店。某种程度上，这算得上重大经营决策失误。

"企业底子虽好，但是问题也很大。"张建港比谁都更清楚信誉楼的真实状况，"三年来，企业可以说是在生死线上不断徘徊，个中滋味，一言难尽。"

如何破局？所谓"穷则变，变则通，通则久"，内因外因夹击之下，信誉楼不得不变。

"2013 年 7 月份的《老董事长谈突出商品优势》一文中，老董事长就谈到，'我们说要切实为顾客着想，顾客来我们这里的目的就是买到应心的商品……'但是，我们虽然实心实意地真想做到'切实为顾客着想'，却没有从商品的角度找到一以贯之地保证'切实为顾客着想'的方法。"张建港说，在已经有了几十家百货店的情况下，整体优势却无法发挥出来，呈现出来的是"连而不锁"，"因为我们的品牌都是单店操作，订货时各店主任几乎全部出动，各谈各的。这样一来，应有的政策根本谈不下来，在价格上就做不到有优势，做不到为顾客省钱。"

《经营宗旨与信条》中这样说："经营好比逆水行舟，不进则退。故步自封、墨守成规是没有出路的。企业的前途在不断地探索开拓之中。"

张建港说："在全方位、开放性的竞争格局下，要实现我们企业的使命和愿景，单纯依靠单兵作战的方式，已经不能适应市场发展的趋势和企业发展的需要，必须制定和保持具有一流服务力、商品力的组织架构，充分发挥企业的规模优势，提升经营的专业化水平。"

张建港和管理团队利用一切机会，通过各种方式，不断分析利害关系，"把道理掰开了揉碎了，不断地讲，不断地推动，不断地达成共识"。

他说："我们在经营方式上采用'韩信下棋，五卒过河'的形式，公司成立事业部，就是围绕着如何提升各级业务人员的专业化水平和发挥集团的规模优势来开展的，是根据企业特色和实际发展需要，制定的符合信誉楼特色的项目管理模式。经过大量研究和探讨，将项目进行科学划分和垂直管理，从而有效地提升企业的商品力和服务力，降低企业管理成本。"

张建港进一步阐述说，成立事业部有以下优势：

事业部能够制定长期的经营发展方向，有利于企业发挥规模优势，减少人力成本，促进企业的长远发展；面对市场的变化，事业部自主决策，能够在最短的时间内适应新的变化、需求，更具灵活性；事业部能够从战略制定、供应商资源整合、专业化培训等方面，给予柜组主任全方位的支持，更好地提升运营的专业化水平，提升企业的商品力和服务力；评价体系更加客观、严谨，有利于充分调动干部员工的积极性和创造性，提升人员活力。

"我们现在所做的工作，既有从行业内优秀同行那里借鉴的先进做法，又结合了我们企业独特的文化理念和原有的组织框架，也有大量供应商的真诚建议。"张建港分析道，事业部制调试和组织架构调整，让信誉楼有了充分的能力，来保证"经商，商品是第一位的"，"切实为顾客着想"也不再只是从服务的角度出发，更是从商品的角度得到了保证。

《经营宗旨与信条》最后一条强调："市场瞬息万变，但千变万变，我们的信念不变，经营宗旨不变。"

张建港号召："我们这次调整组织架构，是围绕着经营战略展开的调整，变的是一些部门的职能职责和经营策略，我们的核心能力不变，企业文化更不会变。我们要做的，是尽快地了解和适应新的模式，在新模式下用心研究本职，体现自身价值，为企业的健康发展贡献自己的力量。

"企业与时俱进地对组织架构进行完善和调整，最终强化的是经营优势，提升的是商品力，给干部员工创造的是一个更高起点的专业化平台，员工的工作可以更加轻松高效，企业的长远发展会更为稳健，这些与企业的初衷、企业的愿景是高度契合的。"

顺势而变：石家庄区域的先行先试

对于张建港来说，他巨大的优势或者说特点，是在面对必须变、不得不变以及如何变的问题时，总能取得良好的效果。

1992 年，张建港高中一毕业，就来到信誉楼。当时就是站柜台，他自己的想法是先挣点儿钱。干了没多久，比起卖货，他更向往外面的世界，于是，张建港向老爷子申请，借点儿钱出去闯一闯。张洪瑞很痛快地答应了，借给他2万元，但一定要计息。

青春年少的张建港，很快体会到了外面世界的精彩和无奈。"就是进点儿剃须刀、录音机等东西去卖，但太不容易了。小本买卖，雇不起人，只能所有事情都自己干。早上来不及吃早饭就得去市场，中午匆匆忙忙吃一顿，晚上不管多晚，都要记账、清货，辛辛苦苦小半年，盘了一下，略有盈余。我意识到自己走的路线不对，对于进销存、对于市场，都不懂，这样不行。"

痛定思痛，张建港的思维一下子转变过来了，"好好想了想，还是得回到公司。拿着公司的钱，学业务学管理，既能赚钱又能长本领，一举多得。"

1993年下半年，再次回到信誉楼的张建港，已经经历了"看山是山""看山不是山"的迷茫彷徨，进入到"看山还是山"的更高阶段，他看到了自己的不足，主动要求学习。

那是一个突飞猛进的成长时期，也是张建港面对不断变化的市场，以变制变奋进开拓的时期。超市、手机、家具、钟表、玩具、家电、鞋子（布鞋、旅游鞋、皮鞋）、窗帘、床垫、汽车配件、验光配镜等项目，有的是他从0到1创建的，有的是他从1到10、100、1000做起来的。

在开始不同项目的时候，张建港开拓的动力十分强大，原因在于船小好掉头，投入可控，而产出可能令人惊喜。但等他成为店总、区总乃至信誉楼总裁之后，他在变化方面其实是小心翼翼的。之所以如此，一方面是有更大的牵涉面，投入产出比变得不那么容易看到底，另一方面则是零售百货企业的特点，注定了很难进行太大、太剧烈的变革。

早些年石家庄区域事业部制的尝试，就是张建港基于组织需要，在小范围内做实验、做调试的顺势而为。整个过程，他思虑周全、大胆假设、小心求证，也努力不让大家感觉到跟以前有太多的不同，其特点是抓规律、抓根本解，先行先试积累经验。

那次调试最直接的导火索，是 2012 年发生的一件事情。当时，河北省的一个品牌代理，约时任石家庄区域总经理的张建港见面，晚上 10 点半到了见面地点后，那个代理说了这么几句话："说实话，我叫你过来，不是因为你是区总，而是因为你爹是老板。"

11 年后，已经担任信誉楼总裁的张建港，回想起当初那一幕，仍然如鲠在喉："这话我太不爱听了，挺伤人的。"

不过，这个代理当晚就发现，他遇到的并不是一个游手好闲的纨绔子弟，而是一个勤恳敬业的实干家——整个订货过程中，张建港一直忙活到第二天凌晨快 1 点。

见识了张建港务实作风的品牌代理，第二天专门请他喝茶，从局外人的角度，帮助张建港点出了信誉楼的问题所在，"你们以柜组主导的经营模式，跟品牌当下的需求是冲突的。你们的柜组主任换来换去，我们今天对接这个、明天对接那个，这个人还没认识，又换了下一个，这怎么吃得消？"

类似的情况，已经屡有发生。因为信誉楼各个门店都是独立进货的，经常发生这家信誉楼的柜组主任跟那家信誉楼的柜组主任争抢同一批货的情况。有一个北京大红门服装批发市场的代理商，一听是信誉楼的就头大，甚至直接拒绝接待："太鸡肋了，不跟你们打交道，你们不会进货，不懂经营。"

而那个代理面对面说出的那番话，给了张建港极大的刺激——比起听到后的不适，更激起了他内心的斗志。"他没有告诉我应该怎么办，其实他也不知道该怎么办，而我那时候本来就有组织调整的想法，借着他提出的这个问题的启发，回到公司之后我就向总部申请进行事业部制调试，总部批准尝试。"

石家庄区域进行事业部制调试的主要方式，是成立以项目为单位的事业部架构，通过纵向管理，实现专业化运营。其目的是让信誉楼适应市场的变化及发展趋势，并突出"集团军"作战的规模优势。

对于经营方式上的调试，张建港极为谨慎，毕竟这是一条从未走过的路，甚至他自己也并不清楚具体到底该怎么干，唯一清楚的，是必须突破瓶颈的坚定信念。

随后石家庄区域便制定了事业部的职能职责，并优化了工作流程。

一方面，取消楼层经理这一职级，逐步改变大家依靠楼层"管家"的习惯；另一方面，为了有参照和对比，还在另外的事业部同步采用了由楼层经理管理其垂直经理的做法。通过实践检验，最终采用了"取消楼层经理，由事业部总经理和单店总经理直接管理"的方式，为后续的事业部垂直管理确定了架构方向。

紧接着，《事业部职能职责》《项目经营关键要素》《各季节操作手册》等管理方法陆续实施。

架构变化必然导致工作方式的变化。当时石家庄区域一位鞋业事业部经理，最多的时候管理了18位商品部经理。与此前作为楼层经理管理同一楼层的四五位商品部经理不同，这18位商品部经理分散在4家门店，建立定期的沟通机制、团建机制、学习机制等，就显得尤为重要。

这类做法，为石家庄区域其他事业部提供了有益的借鉴。张建港始终和执行团队交流工作进度和效果，梳理困难困惑，并提供全方位支持。经过半年左右的磨合、优化，张建港宣布开始在石家庄区域全面推行事业部系统。

对于信誉楼从单店模式向事业部制的转变，石家庄区域总经理刘建认为，这是企业从生存阶段到发展阶段的必然过程。

"事业部制调试，会把信誉楼的优势全部整合起来，去触及供应链上游，更好地为利益相关者着想。只要抓住了这些关键点，剩下的就是方式方法问题。"刘建说，"从'游击队'向'集团军'整合的过程中，有些暗流、回流都正常，只要大方向正确，就不会出什么大问题。"

中国经济何以保持持续高速增长？原因是多方面的，德国特里尔大学教授韩博天（Sebastian Heilmann）在《红天鹅：中国独特的治理和制度创新》中，提供了一个有意思的视角。他认为，中国的独特经验，是把政策试验和长期目标结合，进行"有远见的反复试验"。

作为中国体制机制创新的"试验田"、产业集聚发展的"增长极"、扩大开放合作的"新高地"，包括自由贸易试验区在内的"经济特区"，正是韩博天所说的反复试验的"试验田"之一。

石家庄区域事业部制调试的成功，给了张建港极大的信心。他把在石家庄区域做得得心应手的事情，推广到了整个集团："这三年来，我投入精力最多的事情，就是调整组织架构。我在石家庄区域推行事业部模式将近十年，已经看好了这种模式，并积累了大量经验。在集团内推广尝试，就相对安全多了。"

毫不夸张地说，石家庄区域的先行先试，无异于信誉楼内部反复验证的"试验田"——既为内部改革探路，又承担对外的压力测试。

正如跟着张建港一路调试、变化、探索过来的信誉楼人所感受到的那样，"石家庄区域的架构调整，极大拓宽了单店采购的广度、深度、力度，为现在整个集团的架构调整提供了借鉴和支持"。

拒绝为了变而变：没有完美的模式和方案

所谓不得不变，是因为信誉楼存在的一些问题，的确到了必须直面的地步，从员工层面到干部层面，从消费者层面到供应商层面，凡此种种，不一而足。

如同 2003 年 8 月 8 日张洪瑞在黄骅市政府办公室座谈中说过的那句话："有人给企业下定义：企业是一个永远存在问题的单位。如果一个企业没有问题了，也就是走到了顶峰，再走就是下坡路了。"

事业部制调试和组织架构调整，不可能一下子解决提到的这些问题，以及更多没有提及的问题，但至少从石家庄区域这么多年的实践来看，这一变化能够为这些问题提供不同的思考角度和解决方案。

张建港多次慨叹，从必要性、可行性、紧迫性中的任何一个角度来衡量，组织架构调整都晚做了好几年。但对眼下的信誉楼来说，张建港认为，晚做也比不做强。

"不能把文化和制度画等号。制度是落实文化的工具。外部环境变了，工具（制度）是不是也得变？"张建港说，固然不能为了变而变，同样也不能为了不变而不变，"为了动而动，一定会出问题的。但如果已经出了问题，那就必须得动。制度如果不能动，那就坏了。"

组织架构调整关乎企业的未来。张建港认为："企业使命、企业愿景的实现，依靠什么？一是要有有竞争力的商品，二是要将我们视客为友的服务理念贯彻下去，这些都需要有先进的组织运行机制做保证。只要涉及调整，就会触及原有的利益格局，改变原有的工作习惯和思维习惯，但为了企业的长远健康发展，我们必须调整。

"三年来，我的压力不是来自企业的经营效果，而是来自架构的调整。组织架构调整的危险性，我是十分清楚的。虽然事业部的模式曾在石家庄区域尝试了多年，这种模式也已然被验证和看好，但公司在架构调整初期依旧小心翼翼，一步一个脚印地去验证。然而随着新冠疫情的持续，公司整体所面临的困境越发明显，随之我们也就加快了调整的步伐，这是不得已而为之，也是破釜沉舟，因为企业一旦出现不可控的危机，再想转变就为时已晚了。"

不过，让张建港庆幸的是，虽然面临重重困难，但信誉楼人能从公司整体利益出发，在观念上调整到位，在行动上响应号召，组织架构调整的效果已经初步显现。

这个过程显然才刚刚开始，张建港对此有清醒的认知："没有完美的模式和方案。公司希望在调整的过程中，大家能更多地站在企业整体发展的角度上，发现问题或有意见建议要及时快速地反馈，最大限度地将问题解决在萌芽状态。"

谨慎推动组织架构调整的过程中，张建港多次提醒，要最大限度地减少甚至杜绝盲目且无意义的变更。他在 2020 年 6 月集团公司半年会议上的讲话中，列举了这样几个案例：很多门店的布局、物业设施经常进行调整，但实际上，大部分布局的调整，对我们经营的影响并不大；因为各店之间相互攀比、盲目学习效仿，产生上千万元的广告（变更）费用；由于经营思路的调整，反复变更布局，以及施工图纸在设计上存在错漏碰缺，导致工程不断整改、返工；有的店柜组经营效果不理想，就频繁地更换柜组主任，某店 2019 年柜组主任的变动率高达 90%；有的柜组频繁更换供应商，供应商数量庞大……

张建港说："通过这些案例可以发现，盲目的变更不仅不能解决问题，反而会造成精力分散、资源大量浪费。为此，相关科室对于盲目的变更要加强管理并保证效果，不断审视现状、呈现问题，最大限度地减少甚至杜绝盲目且无意义的变更。"

过去这几年，作为信誉楼带头人的张建港和他的管理团队，表面看上去比较平静，实际上承受着难以言说的压力，他们认为："调整的整个过程，从一开始的动员，到部分项目的试点，再到大范围的部署，难度和压力都很大。但难度和压力从一开始就不是我所考虑的问题，我的出发点是：这是一项不管多难都要做的工作，因为它与企业未来发展关系重大。"

致力于研究和推进组织进化的陆维东多次到访信誉楼，并对信誉楼保持着长期关注。在他看来，管理者自己的思考力、领悟力、感知力，决定了调试和调整所导致的结果，是更多地指向机遇，还是更多地指向风险与挑战。

在生命体的进化过程中，自我永远是最关键的那一个。

从张洪瑞到张建港，莫不如是。

变是为了不变：未来发展方向的思考

事业部制调试和组织架构调整，固然是为了解决此前积累的、当下存在的种种问题，但其真正的着眼点和立足点，是信誉楼的未来发展。

轻资产、专业化、线上化、进军高线城市等，都是可能的选项。这些选项，都已经被同行验证过。但至于它们究竟是否适用于信誉楼，能否让信誉楼人把主要精力放在做企业而不是赚钱上，到底会不会让信誉楼人更切实为他人着想，尚需实践检验。

比如轻资产。

知名酒店集团华住在发展初期，也是采用自营的重资产模式，但在2008年全球金融危机后，意识到了重资产运营的弊端，并在全面权衡后，开启了以加盟为主的轻资产运营模式。这一模式极大地加快了华住集团的发展速度，时至今日，华住已经成为全球酒店集团中的头部企业。当然，轻资产模式对于酒店的品质把控、资质认定、服务效果等，也带来了很多挑战。

信誉楼如今的状况，与华住集团2008年前后的情况非常类似。"我们开一个店，地是我们的，楼是我们的，货也是我们的，那么负债率肯定是高的。前些年，竞争不怎么激烈，盈利也很好，这个模式没问题。但成为'集团军'之后，就面临风险对冲的问题，就得考虑怎么放鸡蛋的问题。"张建港说，模式本身并无对错，很难说到底是轻资产好还是重资产好，不同阶段有不同阶段的需求，"合适的最好"。

比如专业化。

1998年，张建港从无到有创办了超市项目，到今天，信誉楼超市已经成为独立事业部，在信誉楼的成长过程中，有举足轻重的影响。

最早将超市项目引入信誉楼的张建港，很明确地意识到，类似于超市这样的垂类项目，与其他商品事业部并不在同一维度上，正是基于这样的认知，信誉楼才将超市事业部率先独立出来，走专业化发展的道路。

石家庄丰收店（2020年12月开业）、衡水万达店（2022年12月开业）先后开业，随着信誉楼"轻资产、专业化"发展方向的逐步清晰，其先行先试的深远意义会日渐彰显。

思维一转天地宽。"全国有1万多个购物中心，超市这样的垂类项目，完全可以借用人家的平台发展。"张建港说，"关于如何降低平台风险，我们会慢慢形成一套系统，有了这套系统，垂类项目未来走向高线城市、走向国外，都完全有可能。"

比如线上化。

信誉楼已经组建了电商公司，并且在疫情期间发挥了重要作用。但"后疫情时代"，电商公司该往哪个方向走，已经成为迫在眉睫的问题。

张建港认为，做好线上运营工作，商品具有竞争力是基础，如果商品本身没有竞争力，线上就只是一个宣传渠道，而且宣传得越多、卖得越多，负面评价可能就越多。

从这个意义上，张建港对线上运营有这样三点提醒："要体现企业商品和服务的优势，直播需要统筹安排并匹配相应资源，要在规范管理和策划下开展直播。"

张建港的立场极为坚定："线上和线下的运作可能有不同的规则，但对于不符合企业风格的直播，公司是不允许的。"

比如进军高线城市。

美国零售巨头沃尔玛，也是通过"在很小的镇子里开好特大店"的方式奠定发展基础的，但在后来进军一线城市的时候，曾遇到过不小的挫折。

以高线城市上海为例，其商业密度之高，超乎想象。据统计，上海已开业的2万平方米以上的购物商场超过470个，20万平方米以上的有12个，而全日本超过10万平方米的购物商场仅有7个。上海的全球零售商集聚度超过55%，仅次于迪拜。尽管新冠疫情期间一些国际品牌缩减门店、推迟开店，但上海消费市场年度报告显示，2022年全市仍新设了1073家首店，全球新品首发季累计发布新品超过5400款。

信誉楼的主战场是县域经济体，这是信誉楼的基本盘。"老沃尔顿1945年9月开出的那家460平方米左右的杂货店，在密西西比河中下游阿肯色州的纽波特镇，我去过沃尔玛发家的那个小镇，就像信誉楼大多数门店所在的中国县城。"曾任中国连锁经营协会会长的裴亮认为，信誉楼如果有决心走出去的话，沃尔玛的发展历程很有借鉴意义，"从折扣百货店，到超级中心、山姆会员店，形态发生了很多变化，业态不断迭代。"

"当然，这中间，有一个变与不变的问题。哪些可以变，哪些不能变，归根到底，是能不能守住企业的精神。"裴亮说。

不变

基因不变，理念不变

　　张洪瑞在《要对创新进行有效管理》一文中，说过这么一番话——人们都说，如今是一个多变、快变、剧变的时代，唯一不变的就是"变"。

　　不错，变是绝对的，但同时还存在着相对的不变。人们真正需要的往往是相对不变的一面。比如，生物同时存在"变异"和"遗传"两种特性。人们培育优良品种所依据、利用的就是生物的"变异"特性，但人们需要的却是优良品种的"遗传"特性。

　　这段论述，折射出的，是变与不变的辩证法。

　　辩证唯物主义认为，事物的运动发展是变与不变的统一。变与不变两者相互区别、相互对立。当不变居于主导地位时，事物处于相对的稳定、平衡、静止状态；当变居于主导地位时，事物则处于运动、量变到质变乃至发展状态。变与不变两者又相互依赖、相互包含，并在一定条件下相互转化。要把变与不变有机统一起来，认识与把握不变中有变，变中有不变。

"变"一定意义上表明了矛盾的特殊性，事物发展的矛盾和矛盾着的每一个侧面，都处在具体的变化之中；"不变"一定意义上强调矛盾的普遍性，也就是事物发展具有共性的一般性要求。

成立于 1911 年的 IBM（International Business Machines Corporation，国际商业机器公司），在很长时间内，都被视为计算机的代名词，堪称美国科技实力的象征和美国国家竞争力的堡垒。到 20 世纪 80 年代中期，IBM 的通用大中型机独占世界市场 70% 的份额，大型机的毛利率高达 85%，中小型机的毛利率也高达 50%。

然而，20 世纪 80 年代后期的计算机小型化趋势，让 IBM 开始掉队。1990 年之后，IBM 连续亏损，1993 年亏损额更是高达 80 亿美元，1991 ～ 1993 年连续三年累计亏损 168 亿美元。

几乎没有人看好 IBM 的未来，心急的评论家甚至宣称"（IBM）一只脚已经迈进了坟墓"。在这种情势下，IBM 董事会急于找到一位能带领公司重振雄风的 CEO。这一职位当时被媒体戏称为"美国最艰巨的工作之一"，几乎所有美国的顶尖 CEO 都不愿意接手这个职位，比如时任通用电气 CEO 杰克·韦尔奇就公开拒绝了。

最终，IBM 董事会选择了郭士纳。结果，郭士纳不负重托，接手第二年，IBM 就实现了 30 亿美元盈利，此后更是连年丰收。到 2001 年，IBM 总营收达到 884 亿美元，净盈利 77 亿美元，创造了"郭士纳神话"的高潮。

退休之后，郭士纳把自己在 IBM 改天换地的辉煌岁月，写成了《谁说大象不能跳舞？》一书。那么，他在 IBM 到底做了什么、做对了什么？

信誉楼《读书摘抄》中，对此做了这样的总结摘录："企业运作有三个层次，最上面是文化，中间是管理，离客户最近的是经营。郭士纳变革的主要是经营，在管理上动的很少，对 IBM 文化的变革，更是慎之又慎。"

信誉楼对郭士纳变革的总结摘录，与美国管理学家詹姆斯·柯林斯、杰里·波勒斯在《基业长青》中提到的关键研究结果不谋而合："最持久、最成功的公司的基本特质，是它们保存一种核心理念，同时刺激进步，积极改变除了核心理念以外的任何东西。换个说法，高瞻远瞩的公司，能够从烦琐的经营做法和商业谋略中（这应该应时而变），分离出它们永恒不变的核心价值观和经久不衰的使命（这应该永远不变）。"

这就是变与不变的辩证法，在现实生活中的具体体现：变的是时代，不变的是初心；变的是面孔，不变的是责任；变的是技术，不变的是精神；变的是方式方法，不变的是文化……

作为一个生命体，信誉楼的基因是不会变的。

事业部制调试和组织架构调整以及一些经营方式的变化，是自我进化的信誉楼在不断探索、不断开拓，是为了更好地让员工体现自身价值，为了更好地视客为友，为了更好地为利益相关者着想。

而那些真正决定信誉楼之所以是信誉楼的基因——企业使命、企业愿景、企业风格、核心价值观、企业精神、管理理念、经营宗旨与信条、核心能力、人力资源开发思路、企业发展战略——不会变，也不可能变。

如果变了，信誉楼就不再是信誉楼了。

以人为本的企业文化不会变

信誉楼的文化核心，就是"以人为本"，而"员工第一"则是"以人为本"的集中体现。

信誉楼《理念集锦》中，在利益相关者序列里，排在第一位的，不是股东，而是企业员工。

企业的核心理念最高原则中，不隐不讳、开宗明义地宣告企业的首要责任是对员工负责，让员工施展才干、体现自身价值，让每个员工都能享有健康快乐的成功人生，把员工置于所有利益相关者中最高、最先的地位。

河北省企业家协会原秘书长张祥林认为，所有这些，都"充分体现了办企业为了员工，办企业依靠员工，让员工能享受企业发展成果和以人为本的企业文化特色"。

关注关爱员工是信誉楼管理者的最重要职责。信誉楼的 6 名 "95 后""00 后"员工，在一次座谈中分享了以下细节：

2000 年出生，2022 年 4 月底还没毕业就到某玩具柜组实习的小郑说，自己来的第一天，柜组姐姐的第一句话是："带水杯了吗？平时注意多喝点儿水。"

1998 年出生的小冰，跟我们座谈的时候，刚刚被定级为某针棉柜组的柜组主任。2022 年 2 月 14 日入职的她，2023 年的同一天在江苏南通出差，领导们在线上为她庆祝入职一周年，并祝贺她晋升为柜组主任。

某品牌男装柜组的小任，毕业于河北外国语学院，原先在另外一家商场做销售，经朋友推荐来到信誉楼。她印象最深的是，新冠疫情的时候，经理给她安排了宿舍，宿舍不允许做饭，经理每天把做好的饭菜给她送到楼门口，"饭菜就没有重样的"。

1999 年出生的小侯，因家庭原因工作较早，刚来的时候怎么也画不好商品结构图，有一次，经理给她"开小灶"，讲解到第二天凌晨。掌握了这项技能后，如今，小侯已经熟练地把商品结构图用于分析柜组如何经营，研究品类如何收尾……

2003 年出生的小樊，在离大学毕业还有两个月时，到某青年女裤柜组实习。她一到柜组，经理就加了她父母的微信，向他们介绍情况，请他们放心。小樊指了指自己穿在身上的薄外套，说："这件衣服是我们主任的，她怕我冷，就把自己的衣服给我穿。"

1996年出生的小王，2019年7月在威县店入职，座谈的时候正担任某休闲食品部经理。他曾在担任柜组主任期间，因售出的猪肝过期而被免职——食品安全问题是信誉楼的一道质量红线。"那三四个月，我特别消极。领导发现我的情绪不对，就不断开导我、鼓励我。后来，我又从见习柜组主任做起，一直到现在。"小王说，公司"允许失误不允许失职"的理念，在他身上得到了具体体现。

这些是信誉楼年轻的一线员工，真实感受到的关注关爱。这些生活中的点点滴滴，具有一种润物细无声的绵长力量，一天天、一件件将"以人为本"落到实处。

多位店总在谈及自己工作获得感的时候表示："店总如何体现自己的价值？其实就是成就你的下属、成就你的员工。"

"一个门店，有1000多个人。我的认知、我的行为，可能影响1000多个家庭、四五千人。我们作为店总，上升空间有止境，但实现自身价值没有止境。"

"前期的时候，单纯地以为自己只是在舞台上跳舞。后来才意识到，我自己也是这个舞台的支柱之一，很多人会因为我而有了在舞台上跳舞的机会。内心的价值感就不一样了。"

事实证明，从一线员工到中坚管理层再到整个集团，变的是关注关爱员工的形式和方式，不变的是以人为本的企业文化。

正如在2021年6月的一次总裁会议上，张建港谈及企业文化建设的时候说："企业文化的有效传承，是我们工作的重中之重，是我们推进所有工作的基础以及唯一的出发点，同时，又是我们所有经营管理行为产生价值最强大的保证……企业文化建设不仅仅要学习理论，更要有载体，要体现在行为上……所有经营管理行为都要以企业理念为标准做检视，行动是否可行的最高判断标准，就是它是否符合企业理念。"

教学型组织不会变

第四章的"教学型组织雏形阶段：从职工业校到《信誉楼人》店刊"和"教学型组织成熟阶段：多层次、多形式、全方位的终身学习体系"部分，对信誉楼教学型组织的前两个发展阶段进行了具体描述，接下来进入的是教学型组织的第三个发展阶段：走向专业。

教学型组织已经成为决定企业兴衰的、独具特色的信誉楼企业文化。实际上，教学型组织不仅不会变，还必须进一步强化，这是事业部制调试和组织架构调整后，教学型组织的必然发展方向。

在2022年6月的一次总裁会议上，谈及人力资源储备对公司发展的重要性时，张建港简单列举过新架构对人力资源和教学型组织的新要求：

- 打造优质供应链体系，需要有更强的交流能力、更高的专业水平，和厂家销售人员、研发人员沟通，也需要有更强的学习力。
- 自有品牌开发将是未来的一个战略重点，但目前还比较缺乏对市场运作规律、商品设计的了解，以及预测流行趋势的专业能力。
- 线上销售形式有着与传统经营形式截然不同的运作逻辑，要想既体现信誉楼文化的特色，又适应新形势的需要，需要我们培养和引进相应的人才。
- 垂直架构，事业部项目经理和门店运营经理不再是业务、服务以及日常事务一把抓，而是各有侧重，但对本领域内的专业能力就要有更高的要求，才能充分体现出架构调整的优势。

- 要想通过最基本的服务工作，让视客为友有更加充实的内涵，让消费者在信誉楼有明显优于其他商家的消费体验，就需要具备更高的职业素养……

针对新形势下的新要求，作为企业战略实施和人才成长的关键部门，培训系统调整了架构，从以单一的门店培训为主，调整为总部培训系统、事业部培训系统、门店培训系统三方合力的培训"集团军"。其基本出发点，是充分结合培训规律，把传统优势与微课、直播、项目制等先进技术融合起来，让专业的人做专业的事。

比如，借助组织力量、线上线下工具和外部专业资源，将学（培训平台的搭建）、练（实践方案的实施）、评（评估验收的检视）三个环节形成闭环，重点做好培训平台上线后的跟踪、检视，及时收集区域与门店的反馈信息，系统跟进和了解培训平台的实用性、当事人的学习效果、最终的价值转换等。

保证落地效果。制作了课程、安排了培训，只是完成了培训工作的一部分。培训系统要结合应用效果及时向公司反馈信息，帮助公司了解现状、做好审视，让培训平台发挥实效。

在搭建集团通用平台的同时，培训系统在相关部门发挥自己专业特长的基础上，跟上支持、协助，个性化的专业平台如事业部项目技能、主管科室本职技能等不断涌现。

"连锁企业要更好地发展，必须打通两个环节，一是连锁运营系统，二就是人才复制系统。"张建港表示，人才复制是企业健康发展的支撑，是干部员工成长的需要，"我们一直讲的关注关爱，绝不仅仅是嘘寒问暖，也不仅仅是给予鼓励、给予关心，更重要的是给予有效的支持。如果我们的干部员工成长平台更加专业、系统，为干部员工的成长提供更加有效的支持，那么我们的干部员工就可以少走一些弯路，减少成长的压力，更快地树立信心，从而在自己的本职工作上更好地进入角色，工作得更加轻松。"

在人才复制方面，针对事业部系统制订的扬帆计划、名莺计划（优导），针对门店系统的"火"计划，针对总部系统的"鹰"计划，针对高潜岗位的"草"计划，针对高管岗位的"将帅"计划等，致力于打造批量化人才复制成长平台，提升企业的造血能力。

同时，全面垂直架构则将进一步发挥师傅带徒弟的作用。"干部员工能力的提升，主要来源于实践中的锻炼。采用师傅带徒弟的形式传授工作技能，是我们非常突出的特色。事业部能够打通单店和区域的壁垒，在集团当中找到更优秀的'名莺'做师傅，确保培训的效果。"张建港说。

信誉楼创造和坚持的教学型组织，以办企业为了员工、办企业依靠员工为原则，把提高员工素质、培养造就高素质员工队伍作为一项根本任务。40年来通过始终如一的教学培训，使一代又一代员工从学习中受益，得到提升，成长为既有一定技能又有团队精神和高度社会责任感的合格员工，走上了各自成功的人生之路。

信誉楼建设教学型组织，不仅满足了企业对员工素质的要求，而且通过培养人才、造就人才、促进员工成长发展的实践，落实了以人为本的崇高理念。企业得到的，不仅是高素质的员工队伍，还有千万员工对企业的热爱和忠诚。

教学型组织的两大重要作用，一是传承企业文化，二是匹配企业战略规划与人才成长的需要。以走向专业为发展方向的教学型组织，必将成为信誉楼"文化传承的保障、人才成长的支撑、健康发展的动力"。

人力资本股权化的制度不会变

2020 年年初，张洪瑞在与一位下属交流的时候，问了一个问题："制度重要还是组织重要？"

没等对方回答，张洪瑞自己给出了答案："我觉得，还是制度重要。制度的存在，基本上解决了组织的问题。"

信誉楼这么多年的健康发展，正是得益于对制度的尊重。讲诚信是信誉楼身上的鲜明标签，而尊重制度则是讲诚信的重要表现。

作为信誉楼核心能力之一的人力资本股权化制度，是信誉楼的重要根基。

信誉楼是中国最早采取股权激励制度的公司之一，早在 1989 年便进行股改，是河北省第一家搞股改的公司。

但是信誉楼和绝大多数公司不同，它采用了比较特殊的人力资本股权化制度，让核心员工拥有公司岗位股。岗位股股东拥有受益权、选举权和被选举权，但不允许继承和自行转让岗位股，一旦离职或者降级，那么岗位股也要调整。

而且信誉楼当时明确规定，入股有上限无下限。为什么这么做？因为张洪瑞那时候已经想明白，要限制货币资本，不能谁出钱多谁的股份就多，而是要发挥人力资本的作用，谁干得多、谁创造的价值大，谁的股份就多。

这样的制度设计，既讲效率，又兼顾了公平，以分红的方式体现多劳多得原则，真正激发了大家的活力。人力资本股权化制度是企业治理方面的重要突破，是张洪瑞对资本和财富的重新认知、重新规划、重新设计。

董湘岩跟张洪瑞认识的第一天，老董事长就招呼他睡员工宿舍。两个人聊了一宿，聊的最多的便是股份制。

"他跟我说过一句话：'我不是个聪明人，我是个明白人。'"董湘岩说，人力资本股权化等制度，体现了他的胸怀和格局，"最关键的是，他不爱财，这个一般人很难真正做到。其实越不想赚钱，到最后越能赚到钱。但这个过程，一般人承受不住。"

2008年，张洪瑞退出董事会，担任公司监事会主席职务。他的退休生活十分简朴，没有任何公司制度之外的特殊化待遇。

信誉楼还从2012年开始实施《员工退休安置金制度》，每位员工退休时，除享受国家的社保退休金外，根据工作年限，企业还会赠予一笔安置金，让普通员工共同分享企业的经营成果，安享晚年。

人力资本股权化以及在此基础上推出的退休安置金等制度，切实解决了员工的后顾之忧，实现了谁创造的价值归谁，让信誉楼成为全体信誉楼人共同拥有的企业，成为真正的共享型经济。这是信誉楼在实践探索和理论创新方面的重要创举，是信誉楼区别于其他公司的重要特征之一，这样的制度不会变。

切实为他人着想的理念不会变

张洪瑞办公室的墙上，挂着一帧横幅书法作品，上面是笔法纯熟、风格隽永的六个欧体毛笔字：敬天、益人、悦己。

这幅字是张洪瑞的老朋友田立坤先生的手迹，"敬天、益人、悦己"这几个词，则是张洪瑞的另一位老朋友郑祖池送给他的。最初的版本是"荣神、益人、悦己"。后来，张洪瑞将其中的"荣神"改为了"敬天"，使得这几个词更贴近他的价值观及经营思想。

敬天，就是尊重自然规律。张洪瑞制定企业发展战略时，把"夯实基础、把握规律、顺其自然、留有余地"作为发展原则。

益人，就是做有益于别人的事，也就是切实为他人着想。这是张洪瑞在人生历程中始终奉行的与人交往的原则，他还从中得出了这样的结论："最大的赢家，是那些从一开始就为他人着想的人。"而切实为他人着想，正是信誉楼最大的经营特色或者说经营优势，是信誉楼的核心价值观。

悦己，就是要做让自己高兴的事——不做勉强自己的事，不做让自己后悔的事，当然也不做随波逐流的事，而是"认认真真做事情，潇潇洒洒看人生"。

正如张洪瑞所说，切实为他人着想是信誉楼最大的特色和优势，是信誉楼以人为本的企业文化的核心。

我们在走访和采访中一个明显的感受是，这一核心理念不会变。我们多次采访时的午饭和晚饭，是在信誉楼的餐饮区解决的，在河北黄骅店、河北石家庄藁城店、河北沧州文庙店、河北衡水店、河北黄骅旗舰店、河北沧州朝阳店，都是如此。

这是我们主动提出的请求。一方面，正如我们不止一次遇到的正在用餐的消费者告诉我们的那样，"信誉楼的食品是最让人放心的"。在很多有信誉楼的地方，人们哪怕横穿整座城市，花很长的时间、走很远的路，也要专门到信誉楼采购食品。这是消费者在用行动为信誉楼点赞。

另一方面，我们知道信誉楼的很多小吃都采用了联营的方式，也就是小吃品牌跟信誉楼共同经营，我们想看看，这些联营品牌的工作人员，跟信誉楼员工到底有没有不同。一边用餐一边体验的过程中，我们实际上发现，就其切实为他人着想的精神实质而言，很难将联营品牌的工作人员与信誉楼的员工真正区分开来。"近朱者赤，近墨者黑"的耳濡目染当然是一个很重要的原因，但远不止于此。

信誉楼有一项优秀导购员的评选，当选的员工会在正常工资之外获得额外的补贴。所有信誉楼门店的评选，都将联营商的员工纳入评选范围，联营商的员工当选之后，跟信誉楼自己的导购员享受同等待遇，额外的补贴部分由信誉楼提供。

这样一来，联营商的员工会有更高的工作积极性和稳定性，而联营商也没有因此增加成本。表面上看，信誉楼自己花钱补贴了联营商的员工，好像吃亏了，但实际上，消费者并不关心餐饮到底是联营的还是自营的，他们只关心是否吃得安全、吃得开心，而帮助联营商稳定员工队伍、激发员工活力，联营商员工在服务那些到信誉楼就餐的消费者的时候，自然会更加用心。

这不正是张洪瑞"主观为自己，客观为他人"的现实阐释吗？

更关键的是，信誉楼的这种切实为他人着想，是完全不在意滞延效应的。

所谓滞延效应，是系统思考中的一个重要概念，指的是行动与结果之间的时间差距。比如，一个淋浴设备带有时间滞延的调节环路，从转动水龙头到觉察水温改变，在时间上有重大的滞延，而越是猛烈地转动水龙头，要达到适当的温度所花的时间就越久。

可能很多人都理解滞延的存在，但有不少人等不及滞延的这段时间，而只有那些能看到、认识到、接纳滞延的人，最后才有可能成功。

为他人着想一旦等不及滞延，以追求回报为目的，势必动作变形，变成套路和伎俩。而恰恰在这个方面，信誉楼又为我们带来了足够多的触动。

信誉楼河间店2023年春节后第一天开门营业的时候，旁边社区的锣鼓队专门过来舞狮、敲大鼓，帮助营造氛围。队长有言在先，义务演出，一分钱不要。

店总很诧异，仔细询问缘由后才想起，有一年社区组建锣鼓队，需要八九千元，但没有足够的预算，一群老哥老姐一起演出多年，又不忍心解散队伍，当时河间店刚开业不久，他们就过来求助，信誉楼后来支援了 1 万元。

从那时到现在，已经过去了十多年，信誉楼自己都早已不记得这件事情，但锣鼓队记得、旁边的社区记得。

"哪能要你们钱啊，就连这些家事（方言，此处指锣鼓等器具），都是你们给买的。"

队长这句话里洋溢的，是包括锣鼓队成员在内的所有利益相关者对信誉楼的深情厚谊。

视客为友的理念不会变

视客为友是营销学上的创新理念。信誉楼把这一创新理念转化成全体员工的行为实践，真正达到了商家和消费者互利共赢的理想境界。

视客为友的理念扎根到每一个信誉楼人的心中，统一了信誉楼人的认识和行为，使全体员工形成了诚实守信的品格、文明经商的行为模式，每一个员工都成为以实际行动维护企业信誉的卫士，而受惠于此的万千顾客，则主动成为信誉楼口碑的传播者。

信誉楼在原有单店单柜组独立核算的基础上，实行了具有信誉楼特色的事业部模式，对各项目进行垂直管理与横向协作，由柜组主任单兵作战的模式，转变为"特种兵＋集团军＋信息化"的协同模式，这种模式在充分发挥资源共享优势的同时，保持了基层干部员工的能动性，让专业与活力并存。

截至目前，信誉楼已整合 400 多个品牌，包括茅台、国窖、剑南春、海天、鲁花、可口可乐、雀巢等，已被纳入这些品牌厂家的 KA 渠道体系。与伊利品牌实现全面战略合作，市场女装整合定位，进货额突破千万元（相比原来提升了 3 倍），都极大提升了信誉楼在源头市场的影响力。

事业部制不断上溯至供应链上游，是为了更好地满足顾客的需求。

电子家电事业部总经理时永昊说，随着组织架构的调整，自己和公司接触信息的层次明显拔高了。"对个人能力是极大的提升，掌握的信息更多了，对行业信息的判断更精准了。"

时任女装事业部总经理侯党芸[⊖]和男装裤子事业部总经理郭春猛，不约而同提及源头集采、原产地集采对提升商品竞争力的重要作用。"第一，引进适销对路的商品是最重要的。如果一直从二手代理手中进货的话，我们看不到源头、原产地是什么样的，这种情况下，何谈对消费者负责？第二，能够真正实现连锁的规模优势，降低进货成本。源头加价，低于二手代理的进价，让利于消费者。"

信誉楼建设自有品牌，是为了更好地满足顾客需求。

对于零售企业而言，推广自有品牌产品，是提高市场竞争力、巩固商品供应链优势地位以及摆脱经营效果得不到保障的必然选择。统计数据显示，海外零售业自有品牌商品销售额占总销售额的比例已经达到30% ～ 40%，中国一些零售企业也在积极探索运作自有品牌，并且初见成效。

信誉楼在企业发展战略中明确提出：依托名店效应，逐步探索自有品牌商品经营。近几年来，信誉楼在自有品牌的道路上不断探索，并取得了一定成绩，比如香油麻酱、食用油、衣橱等自有品牌产品，赢得了相当一部分消费者的认可，得到了顾客的一致好评。

对于自有品牌商品的定位和定价，张建港多次强调，从定位的角度，高品质、平价格的商品，是得到顾客青睐的根本；从定价的角度，一定要让顾客享受实惠。

⊖ 现任集团公司见习人力资源总监。

比如，某高档品牌的拉杆箱，价格基本都在 5000 ～ 10 000 元，如果信誉楼选择与为其代工的制造商合作，生产同样品质甚至更高品质的拉杆箱，通过去除品牌溢价、控制加价率等方式，信誉楼自有品牌的拉杆箱可能只卖千元左右。

再如，信誉楼与为某高档眼镜品牌代工的制造商合作，制作镜框和镜片，顾客就可以用较低的价格，享受到高品质的眼镜。

信誉楼的经营辩证法提到：一心想赚钱的路越走越窄，只有诚心诚意为消费者和供应商着想，财源才会滚滚而来。

"我们操作自有品牌，不是为了追求毛利，我们追求的是品质；我们不是不要毛利，是不要暴利。这也是我们对比很多零售企业的自有品牌运作的优势所在。"张建港表示，"随着企业规模优势的不断扩大，企业在老百姓中的口碑影响力日益提高，加上我们自营模式的优势，通过运作自有品牌，让我们的商品真正做到人无我有、人有我优，进一步发挥企业的优势和特色，让线下真正成为顾客首选的购物场所，让追求性价比的顾客愿意来我们门店购物，自有品牌的开发和运营有望为企业打开新的局面。"

近两年，信誉楼加大了会员体系建设的力度，一方面是为了增加顾客黏性，另一方面，更重要的是通过会员授权，合理、规范地收集会员消费信息，建立数字化管理模型，结合顾客消费行为和消费特点给顾客"画像"，以便更好地满足顾客需求。

对此，张建港反复强调，会员建设绝对不能与视客为友的服务理念产生矛盾和冲突。"会员体系建设的目的，是让顾客满意度更高，在信誉楼享受到更高品质的服务。我们要把注意力放在顾客的需求上，而不是顾客的钱包上，也不能将需求强加于顾客。"

张建港表示，信誉楼人在文明经商、诚信待客的实践中，在切实维护推行"视客为友"理念的实践中，必须进一步细化各项服务原则：对顾客坚持诚实守信、买卖不欺；心里装着顾客，处处替顾客着想；做好细节服务，减少顾客麻烦；把顾客的抱怨和反馈作为改进工作的契机；诚心诚意当好顾客的参谋；在矛盾面前，把对的一面让给顾客。

打造真诚、专业、有温度的卖场

视客为友不但不会变，而且还有了新发展。

张建港在不同场合多次强调："视客为友是为顾客着想的具体体现，是我们核心价值观的一部分。我们的核心价值观，还体现在为员工着想、为供应商着想等其他几个方面，这些方面我们也都做得不错，但是在为顾客着想方面我们是做得最突出的，这让我们始终处于行业的领先水平。如果视客为友丢了，变淡了、变没了，信誉楼就不是信誉楼了。"

自1984年信誉楼创立至今40年间，信誉楼的服务经历了不同的阶段：从最初的"讲诚信，买卖不欺"到1996年明确提出"视客为友"，到1998年的"我们不是卖什么的，而是帮助顾客买什么的"，再到2001年的"为顾客提供解决问题的方案"，直至现在的"打造真诚、专业、有温度的卖场"。

视客为友的前四个阶段，已经在第六章做了详细介绍，本部分围绕真诚、专业、有温度三个关键词展开。

真诚是视客为友的立足点。实际上，员工如何对待顾客，与企业如何对待员工，是一脉相承的。正如张洪瑞多次强调的，"员工第一"是落实"顾客至上"宗旨的根本保证。信誉楼切实为员工着想，关注关爱员工，培养员工强大的心理素质，信誉楼员工真信真做，愿意主动承担责任，愿意主动为顾客服务，体现在信誉楼的服务理念中，就是将真诚作为视客为友的立足点。

如果说真诚这个关键词指向的是态度，那么专业这个关键词指向的就是能力。

事业部制调试的落地，对导购员的专业能力提出了更高的要求。而年轻一代消费者对于商品的深入研究，客观上也在挑战着导购员的知识储备。

如何充分梳理不同项目的服务关键要素，分门别类打造项目服务平台；如何通过重点项目专业化水平的提升，带动公司整体专业化水平的提升；如何提升培训的有效性，将培训内容与实际需求有效结合，成为提升视客为友服务理念的专业内涵必须直面的问题。

"专业的服务，应该是能切实满足顾客需求的。不同顾客的需求是有差异的，我们需要结合不同顾客的不同需求，来匹配针对性、差异化的服务，这也是'视客为友'工作落地的重要体现。"张建港表示，"顾客觉得信誉楼服务好，更多的是因为我们的态度好，并不是对我们专业水平的肯定和认可。态度好虽然可以让一部分顾客满意，但并不能满足那些对专业技能有需求的顾客。因此，保持好的服务态度与提升专业技能需要协同推进，才能更有效地提高我们服务的含金量。"

而有温度这个关键词，则是从顾客体验感的角度出发的。

信誉楼人认为，顾客的满意只代表着没有被刺激和怠慢，只有让顾客感动，才能让顾客更加认可、信赖信誉楼，才能更好地体现信誉楼的服务优势。

张建港进一步提出："我们不能仅仅局限在为顾客提供柜台服务的过程中，让顾客有惊喜、有感动，而应该是全方位、全过程地让顾客感受到我们服务的与众不同。"

全方位，是指自从顾客进入信誉楼，服务就已经开始了，保洁员、保安员、停车场管理员等特定岗位，他们的工作状态、工作态度，都代表着信誉楼的整体服务和形象。所以，信誉楼人认为，感动顾客不只是导购员的工作，而应该是所有岗位工作人员的工作。

全过程，则更多体现在销售环节之外，如免费给顾客打理鞋子、熨衣服、打理羊毛衫等，信誉楼提出，要善待每一位顾客，包括不买信誉楼商品的顾客。

真诚、专业、有温度，就是真诚对待每一位顾客的同时，不断精进专业能力，重点提升专业水平，让顾客在信誉楼获得的不只是商品，更是一次愉快的体验、一种疗愈与滋养。

信誉楼的服务理念40年来不断进化。不同的时代背景下，顾客对服务的要求不同，信誉楼推动服务的侧重点也不相同。但无论侧重点怎么变化，视客为友的核心理念不变，都是围绕着诚信为本，以顾客为中心，为顾客提供与其需求相匹配的服务。

五大关键环节保障视客为友落地效果

在信誉楼，视客为友不是贴在墙上的口号，也不是做样子给外人看的摆设，而是40年点点滴滴做出来的实际行动。

服务理念很容易流于形式，但为什么信誉楼能够保障视客为友的落地效果？因为信誉楼梳理出了五大关键点，从氛围、薪酬、平台、规定、检视等制度方面着手，予以落实和保证。

氛围营造方面，包括培训系统的搭建、不厌其烦的宣讲、对优秀典型的推广呈现。1984年刚创立时，受条件限制，信誉楼没有能力修建自己的学习场所，张洪瑞便租用了当时文化馆闲置的二楼做临时教室，对员工进行不定期的培训。到了 1994 年，企业经营得越来越好，尽管张洪瑞创业之初就有"开分号"的准备，但当企业有能力的时候，首先建成的是信誉楼职工业校。2000 年，张洪瑞又投资数百万元，建成了占地 15 亩的信誉楼商业培训中心，而信誉楼的第一家分店，则在 2001 年才开业。今天，信誉楼所有门店均配有可供几百名员工共同学习的大教室，同时从集团公司到各个门店均设置了培训部，专门负责企业文化、理念的宣讲与贯彻。

信誉楼人常讲，"批评、惩罚可以使人不犯错，赞美、奖励则可使人出色"。榜样的力量是无穷的，为了更好地营造视客为友的氛围，集团公司、各门店连续多年致力于优秀人员、优秀案例的挖掘，并通过业校课、《信誉楼人》店刊、班前会、店内广播、视客为友专栏（光荣榜）、表扬单、企业小助手、公众号、视频号等不同形式进行大力宣传。

薪酬设置方面，在信誉楼，一线导购员分为多个级别，虽然每个级别有对应的评价标准，但所有的评价标准都不涉及销售额，评价标准主要有两个维度：一是员工的专业化水平，二是顾客的满意度。员工收入不与销售额挂钩，这是公司确保"视客为友""买卖一条心"的重要措施。

2016 年，信誉楼出台了"视客为友专项补贴"政策，制定了《视客为友专项补贴评定标准》，凡是能在日常工作中践行好"视客为友"的员工，每月均可享有公司给予的 400 元视客为友专项补贴，相反，如果员工日常服务中违背了视客为友理念，当月补贴也将被取消。视客为友专项补贴的设置，进一步保障了视客为友的落地效果。

平台搭建方面，2020 年，集团公司将相对抽象的服务理念具体化，融入员工日常的接待行为中，明确了《落实视客为友的具体做法》，从服务意识到专业技能，从售中到售后，详细阐述了员工在接待过程中如何做，才算是践行好了视客为友：

（1）发自内心地尊重、重视顾客——接待顾客的基础要求。

（2）以顾客为中心，切实为顾客着想——买卖一条心，也是视客为友服务理念的本质部分。

（3）为顾客提供更为愉悦的购物体验——不仅满足顾客的购物需求，还要让顾客觉得逛信誉楼是一种放松和享受。

（4）不断提升专业水平，为顾客提供满意的商品或解决问题的方案——视客为友不仅是服务意识，关键核心是要能够满足顾客的需求，帮助顾客解决实际的问题。

（5）做好售后工作，为顾客解决后顾之忧——三包措施是对我们工作过失的补救，售后工作做好了，更能彰显企业的责任和担当。

信誉楼还同步完善了退换货相关制度以及贴心服务平台。

明确红线方面，《违反视客为友行为的处理细则》中，明确规定了各种违反视客为友行为的处罚措施，轻则扣除当月视客为友补贴，重则被降级、被辞退。

用张洪瑞的话说："谁和顾客过不去，信誉楼就和谁过不去。"通过严厉打击违反视客为友、触碰红线的行为，进一步明确公司导向。

行为检视方面，信誉楼的顾客反馈渠道十分畅通，包括但不限于电话热线、服务中心意见建议本、"顾客心声"小程序、公众号、总经理信箱、总裁信箱等。各家门店都对顾客反馈渠道进行了明确的公示和宣传，让顾客知道有问题、有需求可以通过哪些渠道和企业沟通。顾客的反馈渠道，是检视员工行为的有效形式，员工做得好，顾客会通过以上渠道表扬；员工做得不好，顾客也会利用以上渠道投诉。

除了被动地接受顾客反馈，更重要的是主动了解，为此，信誉楼组织"神秘顾客体验"活动，通过邀请真实顾客、组织内部员工扮演神秘顾客等形式，对员工的接待过程进行体验，各店每月组织体验均在 100 例以上。"神秘顾客体验"的形式，能够有效检视员工实际行为落地情况，帮助企业了解服务现状，指导服务推进方向。

除了这五大关键点，信誉楼还正在深化供应商导购员管理，提升供应商导购员视客为友的践行效果。

目前，供应商导购员占信誉楼员工总人数的 20% 以上，如此庞大的群体，一旦管理不到位，影响的就是信誉楼的形象和口碑。"在顾客眼里，供应商导购员也是信誉楼的员工，代表的也是信誉楼的企业形象。供应商导购员的服务水平，直接影响着顾客对于企业的认知和评价。当供应商导购员的服务出现问题时，顾客只会对信誉楼失望。"基于这样的认知，通过将供应商导购员纳入员工管理体系，做好对供应商导购员的关注关爱等几方面举措，张建港提出，"让信誉楼成为供应商导购员的'娘家'"。

"员工心中有顾客，不是要求出来的，而是员工自发自觉做出来的。"张建港说，"从企业的角度，有明确的服务要求，但这都是基础性的。更重要的，是要让每个人理解什么是视客为友。信誉楼提供的服务，一定不是机械式的，而是结合当时的场景，员工发自内心地想要提供的。员工设身处地为顾客着想，以顾客为中心，提供那一时刻顾客需要的服务，才能真正让顾客满意、让顾客感动。"

切实为供应商和合作伙伴着想的理念不会变

切实为供应商和合作伙伴着想，是信誉楼一以贯之的理念。

向供应商和合作伙伴学习，是切实为供应商和合作伙伴着想的题中应有之义。

对于品牌项目的专业化运营问题，某女装品牌河北分公司总经理曾向信誉楼做过如下反馈：

品牌来了新品，正是要合理毛利率的时候，但你们好多店却上来就打折，根本不懂品牌操作。新品应该到了一定的时机或者季末的时候才逐步打折，对于你们的操作，我们非常不理解。而对于下架的商品，我们有专门的渠道，销售给不到正规店购物的目标顾客群。作为品牌正规店，经营的商品应该以有竞争力的新品为主，信誉楼竟然去我们这些渠道收货，收去年、前年、大前年的货。

"一直以来，我们市场项目的操作，特点是小库存、快周转，卖得不好就处理，但是品牌经营不能用这样的操作手法。"张建港表示，"我们现在很多品牌新品，到货就开始打折，这样的操作不仅会让其他人认为我们在扰乱市场，进行不正当竞争，还会让我们经营的品牌不断贬值，最终失去我们的顾客。"

"在提升操作专业化水平这条道路上，我们任重道远。"事业部制调试的过程中，张建港一直在说一句话，"我们要站在巨人的肩膀上。谁是巨人？供应商、合作伙伴、品牌厂方就是巨人。"

他还说："品牌厂方是站在全国甚至全球的高度，进行商品的定位和设计研发的，同时配有专业的营销系统，并能从成千上万的门店中搜集和汇总信息，是真正的专业平台。事业部经理要学会站在巨人的肩膀上，充分尊重供应商的操作规则，了解品牌商的操作思路，向品牌商借鉴和学习。"

与供应商和合作伙伴一起走向专业，是向供应商和合作伙伴学习的必然结果。

张洪瑞在论文《要对创新进行有效管理》中，曾借用海尔的"斜坡球体理论"，来说明创新在信誉楼的作用机制。在产品研发以及企业治理等方面，海尔都处于中国企业前列。

海尔这样的企业，会通过提出更高要求等方式，客观上帮助信誉楼在专业化的道路上走得更快、更好。海尔某大区总经理表示："我们以前是卖家电的，但从2019年开始，我们总部的研发团队，大概400多个工程师，不再研究产品，而是研究厨房、卫生间等空间。为什么？因为消费者的需求变了。用户需要的，不再只是一个冰箱，而是一个厨房。""海尔现在提供的是用户使用场景解决方案，在更好地满足顾客需求方面，我们和信誉楼正一起努力。"

当然，如何与供应商和合作伙伴相处，更能体现信誉楼的特点。

信誉楼有一套严明的业务人员与供应商交往的规定。

信誉楼的《与供应商交往的管理规定》中明确要求，不允许业务人员购进商品时接受供应商的甩零、打的费、运费，严禁向供应商借款，规定中还有明确的供应商给回扣、礼品、礼金等情况的处理办法，以及与本地供应商业务往来的相关规定等。这些规定都有明细条文，并设专门管理人员监督检查，在实际工作中得到了良好的执行。违反规定的，按《廉洁管理办法》处理。

信誉楼的《维护供应商利益的相关要求》中有九个关键环节，例如，不占供应商便宜、不给供应商添麻烦中，就有这样的规定：该自己承担的费用、损失自己承担，不允许向供应商强行索要政策，不占供应商的便宜；不允许向供应商索要柜组常用物品（如记号笔、胶带等）或废弃物品，特殊情况借用的应及时归还（如雨伞），损坏物品应赔付供应商。

例如，信守承诺，严格遵守与供应商的协议内的操作规则（如订货会的相关要求、培训，录入系统、价格管理相关规则等）。不要求供应商承担协议规定外的责任，如因我们对产品或服务要求提高，造成供应商成本增加的，应与供应商沟通，且必要时给予供应商相应的补偿。

再如：重视供应商提出的意见、建议，认真分析，拿出解决方案，并在三日内回复。同时，多给供应商提意见、建议，帮助供应商进步、成长。

…………

这些规定和要求的有效落实，使得信誉楼在供应商心目中一直是值得信赖的合作伙伴。

信誉楼严格控制各种形式的促销活动。但一些品牌供应商的活动可能是全国性或全区域性的，如果不参与，可能会导致信誉楼比其他商家价格高或消费者没有得到一些应该得到的赠品，消费者的利益会受到影响。

这种情况该怎么办？信誉楼在不违背企业理念的前提下，制定了这样的处理原则：

首先，符合"社会已经认可的、对消费者有利的活动方式，且不影响我们信誉度"条件的活动，不得再注明"厂家回报消费者"，而是要注明"厂家活动，请理性购买"。信誉楼不必替厂家把"促销活动"掩饰成对消费者的"回报"，同时也要让消费者明白这是厂家所搞的促销活动，并非信誉楼所为。导购员在给消费者介绍商品时一定要做好说明工作，让消费者理性消费，避免购买后后悔。

其次，公司主管一定要把好关，不让影响企业信誉的活动出现在信誉楼。

最后，加强与供应商的沟通，尽可能地减少促销活动，培养消费者理性消费的习惯。

这种原则性中充满了灵活性，灵活性又以不违背原则性为前提，张弛有度，深刻演绎了"有理、有利、有节"的精髓。

传承

生生不息

第九章

通常来讲，传承包含了三个层面，即财富传承、事业传承、精神传承。

财富传承是最基础也最容易的，客观而言，后来者必然是站在开创者创造的巨大物质财富之上的。但单纯的财富传承，本身就是一把双刃剑，古今中外，传承了财富反倒身陷困境的故事，数不胜数。

事业传承也并不复杂。信誉楼通过人力资本股权化的制度设计，成为一家与员工共享经营成果的公司，意味着信誉楼属于那些能够真正为公司创造价值的人。

就这一点而言，虽然张建港是张洪瑞的儿子，但他之所以能够当选总裁，是因为能力而非血缘——在 2019 年和 2023 年的两次总裁选举中，他都是高票当选，众望所归。

张建港几乎在公司的所有岗位都长期历练过，并且取得了卓有成效的成长与突破，对他来说，事业传承本就是水到渠成的事情。

最困难也最重要的，是精神传承。

精神本身是很抽象的，是人们“日用而不觉”的，可能是一种氛围、一种感觉，也可能是一些理念、一些文字。人们感知精神的方式，是各不相同的，人们会从传承者的格局、视野，或者政策、举措，乃至言谈举止中，得出自己的结论。

这些结论，不可避免带有每个人的个性化特征。但当大多数甚至绝大多数人得出一致性判断的时候，意味着那就是企业文化在发挥作用——企业文化的价值，正在于延续和传承企业的优秀基因。

这一作用机理，对传承者与整个团队，都极具启发性。

信誉楼的精神传承，会面临比其他企业更大的挑战，因为信誉楼的企业文化太独特、太深入人心了。信誉楼人既有统一的价值观又有独特的个性，老董事长以“真”为核心的活法，都对这种传承提出了更高的要求。

信誉楼的成功，是以整体企业文化参与市场竞争的结果。信誉楼中各种因素是在一个整体的文化系统中有机协作的，任何将不同组成部分抽离出来的“头痛医头脚痛医脚”的机械式理解和处理方式，轻则损害某个具体器官，重则可能戕害整个生命体。

这也正是信誉楼精神传承的难点与挑战所在。传承者的任何举动，对于一个像信誉楼这样的生命体而言，都会牵一发而动全身。只有在企业文化的试金石上得到验证，才能真正收服人心。诸葛亮七擒孟获的故事，其实是抽象的企业文化如何发挥具体作用的生动写照。

这对传承者提出了极高的要求，传承者必须在思考力、领悟力、感知力方面均衡成长，才有可能在看清前方道路的同时，敏锐感受周围水温的变化——生命体只有在合适的水温中才能生存，温度过高或者过低，超过一定阈值，某种程度上都意味着一场灾难。

当然，这需要包括所有员工在内的整个团队全力以赴。在这个过程中，团队会不由自主地把传承者与创始人放在一起进行比较，这是人性使然。但这种比较，应该以善意和建设性为前提，而不应该陷入非此即彼的二元对立中。

人们很容易根据线性记录的历史，有意无意忽略当下的复杂性——任何决策都是妥协的产物，决策者只能在权衡各种利弊之后，求得相对最优解，而不可能得出符合所有人期待的绝对最优解。

变与不变之间，能否实现生生不息的传承，其实是对所有人的挑战——传承者需要思考力、领悟力、感知力，整个团队则需要同理心、善意与建设性。

不动心

张洪瑞的外孙女王秋蕴，在工作场合称呼他"老董事长"，在家庭场合就喊"姥爷"。

从小跟着姥姥、姥爷一起长大，王秋蕴印象最深的，就是姥爷的不动心。

王秋蕴读初中和高中的时候，学习成绩还不错，但不算太出色，张洪瑞说："孩子只要品格没问题，就不会走歪。"

到了高考前后，有个熟人的女儿，考上了清华大学，接着又去国外留学，嫁了个外国老公，姥姥念家常的时候多次说起，王秋蕴记得，姥爷当场就反驳说："这个有嘛可羡慕的！"

姥爷不止一次跟王秋蕴说过："你不要飞得太高，也不要走得太远。"

"我做不到像姥爷那样，'不动心'。"王秋蕴觉得，有些能力是与生俱来的，单纯靠后天的修为，还是来得迟了一些。

不动心，是哲学思维和系统思考在张洪瑞身上的鲜明体现。这一特点表现在日常生活中，就是他对自己、对自己的孩子、对自己的孙辈，"既不浪费自己，也不勉强自己"。

而表现在工作中，就是把主要精力放在做企业而不是赚钱上，不会轻易因为受到诱惑而改变初衷。信誉楼的企业定位，把"不动心"的特点演绎得淋漓尽致——"以百货零售业为主，向连锁经营方向发展。决不涉足高风险投资领域。"

随着中国经济从高速增长转换为稳定增长，以及技术进步引发的消费市场的新变化，企业面临的挑战越来越多。在零售百货行业，已经有一些企业因为压力导致动作变形，背离了出发时的初衷，以至于引发各种连锁反应，最终被接管甚至濒临破产等，其中不乏曾经红极一时的企业。

但信誉楼却始终努力把主要精力放在做企业而不是赚钱上，在"不动心"这一精神谱系中，从张洪瑞到张建港，表现出了高度的一致性和连贯性。

从张建港连续否定的两个投资项目来看，这一点尤为突出。

第一个项目，是河北省内一家生产企业有一处大面积的地块，想投资商业，但该企业没有商业经验，正好和信誉楼与同一家咨询公司合作，了解到信誉楼有发展轻资产的意向，便通过这家咨询公司引荐，希望与信誉楼合作。

张建港带队考察后，发现当地的人口和位置都不理想，回绝了咨询公司。咨询公司特别意外：这个项目不需要信誉楼有任何资金投入，也没有任何风险，信誉楼只需要输出一个管理团队，极短的时间内就可以获得可观的盈利，是无本万利的买卖，为什么不做呢？

张建港最后还是拒绝了："我们发展轻资产的目的，是在安全的前提下，给干部员工提供更大的发展舞台。这个项目的情况，决定了日后的经营会比较困难，对于我们团队来说，不论能力成长，还是精神压力，都会受到很大影响。况且，只要挂了信誉楼的招牌，就要让品牌的含金量增加，不能为了短期经济利益，而无视品牌的保值。这个项目能实现的，只是短时间内挣一笔钱，可这并不是我们的追求。"

第二个项目，某县级市 GDP（国内生产总值）位列所在区域的第一，经济实力非常强大。户籍总人口近 80 万，消费能力有充足保障。当地一处有意向出租地块的位置和价格都比较理想。

但在考察市场的时候，张建港发现一家本地零售企业做得很好，无论商品、环境，还是运营水平，都有自己的追求和特色，属于县城商业当中的优秀店面。

中午考察结束之后，大家各抒己见，都觉得这个市场很好，应该进入。但张建港提了三点想法：

首先，"在县城中有这么优秀的同行，真心实意为顾客提供好的商品和服务，十分难得！我很欣喜也很佩服。"张建港说，"这么成熟而高品质的市场，我们还有必要进来吗？也就是说，如果我们进入，还能否给当地顾客、同行、政府带来更高的价值？"

其次，"当地的商业生态已经成熟并且品质很高，我们进入，必然会给对方带来很大压力，对方甚至会受到影响，这么优秀的商家因为我们的进入而受损害，未免太可惜了。同时，顾客却又不会因为我们的进入有更幸福的购物感受，因为顾客本来就守着一家优秀的商场。与其这样，就不如进入一个当地顾客更需要我们的市场，从而能够创造更大价值。"

最后，张建港强调："对于我们的团队来说，干部员工在获得更多发展机会的同时，工作也是舒心的，才是我们的追求。而流动过来从零起步，未必有利于大家体现自身价值。"

综合以上三点，张建港给出的结论是："对这个市场先保持关注。"

按说，在各方面条件都相当不错的情况下，开分店扩大规模，是不少企业求之不得的事情。但面对同样的情况，在信誉楼却有了不一样的结果，其根源，就在于当家人是动心还是不动心——并非所有机会都像看上去那么美好。

张建港在考虑信誉楼是否进入某一个市场的时候，不仅是从能否盈利的角度，更是从利益相关者（员工、消费者、同行、当地政府等）的角度着眼的，能否为他们创造价值，才是张建港更加看重的。

正如张洪瑞多次说过的那样，信誉楼只要始终做好"切实为他人着想；把主要精力放在做企业而不是赚钱上"这两条，就一定能够健康长寿。

而这两条，也正是张建港考虑问题的出发点和判断标准。

逐光而行

世界上有一种资源可以生生不息，那就是文化。

可口可乐传奇总裁罗伯特·伍德鲁夫曾说过一句经典的话：假如可口可乐的所有工厂在一夜之间被大火全部烧毁，它也能一夜之间起死回生。

企业文化听上去很抽象，但表现在员工的精神面貌等方面，却又异常具体。

与信誉楼近一年的零距离接触中，接受我们正式访谈的就达百余人次，还有日常打过照面的，比如实地走访过的多家门店的导购员、安排所有行程的办公室人员、接送我们往返的司机师傅等，其中的很多人，我们甚至叫不出他们的名字，也没听到他们各自的故事，但洋溢在他们脸上的自豪与认同，他们说起老董事长时候的尊敬与钦佩，信誉楼带给他们的成长与收获，都让我们异常坚定地得出一个在不了解信誉楼的人看起来略显武断的结论——信誉楼的企业文化，拥有不亚于可口可乐企业文化的力量。

"以整体企业文化参与市场竞争"的评价，之所以深得老董事长之心，是因为它以最概括性的表达，抵达了信誉楼之所以为信誉楼的本质。

信誉楼的成功是因为商品吗？是的，但又绝不仅仅是商品。经商，商品是第一位的。信誉楼为此想尽一切办法，从单店模式下的几千名买手深入各地采购，到如今事业部"集团军"作战的不断上溯产业链上游，更丰富的品类、更高的性价比、更符合消费者审美的美学设计，都是为了满足消费者需求。但实际上，从商品本身而言，信誉楼的商品与其他地方的商品别无二致，这里没有垄断性产品，也没有明显的价格优势，更没有花样百出的促销和赠品等"小实惠"，消费者之所以选择到信誉楼购物，一定有比商品本身更值得他们到店的理由。

信誉楼的成功是因为服务吗？是的，但又绝不仅仅是服务。"视客为友"的服务理念已经扎根在每个信誉楼员工的心底，但在中国服务业中，以服务为卖点的企业并不在少数，不乏一些企业因提供贵宾式服务、感动式服务、宠溺式服务而受到关注。单纯看服务本身，信誉楼的服务也并没有什么独特之处，甚至可能会有人觉得"视客为友"过于稀松平常。

但是，当信誉楼在"商品"和"服务"每个单项都具备相当竞争力的时候，其"商品"与"服务"组合起来的威力，就绝对不是加法式的线性演进，而是乘法式的裂变效应。这样一来，就足以把信誉楼与绝大多数其他零售企业区别开来。

但这只是信誉楼最能够被外人直观感知、最表层的竞争力所在。

"商品"和"服务"的背后，是以人为本的企业文化、教学型组织和人力资本股权化的制度构筑起来的企业核心能力。

以人为本的企业文化要求切实为他人着想，从员工、消费者、供应商、商界同仁、周边住户、各界朋友等利益相关者角度，主观为自己、客观为他人，是信誉楼"视客为友"服务理念的坚实根基。

教学型组织打造了一支知识、素养、能力不断提升的干部员工队伍，他们以成功人生为追求，在自己的岗位上发光发热，这是以人为本的企业文化的组织保障。

人力资本股权化的制度，让信誉楼属于所有能够为公司创造价值的干部员工，激发了团队的主人翁精神，这是以人为本的企业文化的制度保证。

核心能力是信誉楼"商品"和"服务"背后的逻辑。而核心能力还只是信誉楼的深层逻辑，其背后的底层逻辑，则是老董事长张洪瑞以真为生命底色的活法。

有一次，张洪瑞与几位主管在一起座谈时，有位主管忽然若有所悟地问张洪瑞：咱们讲到的这个概念，是不是与另一个概念有关联。张洪瑞说：对，我们的理念属于同一个系统，每个不同的概念都指向同一个中心。

的确，信誉楼的经营管理可能看似内容繁杂，但归纳起来又很简单，因为它们所遵循的原则都是相同的，或者说都是相互印证的。北京大学光华管理学院曾邀请信誉楼参加一个企业管理案例展示活动，负责信誉楼案例的老师在通读了信誉楼提交的材料并到信誉楼亲身体验后，得出的结论是：信誉楼系统内部具有高度的一致性。

信誉楼企业文化是老董事长人生活法的组织化表达。40年来，一批又一批信誉楼人，不断进化，既保有鲜活个性，又不断向老董事长的精神精髓逐光而行，这是信誉楼文化生生不息之根。

作为信誉楼领头人的张建港，也在日日精进。一方面，从小到大受到父亲的耳濡目染，他也不断在工作生活中反躬自省。另一方面，自从2019年

11月担任总裁以来，他真正理解父亲了。

张建港说："40年是信誉楼的基础，父亲是我的基础，我在这个位置上，就不能考虑个人得失，信誉楼是我们大家的信誉楼。"

他说："我不是来奉献的，我是在为我自己做，也是在为所有信誉楼人做，长期来看，利他又利我。"

他说："如果把企业的组织架构比作金字塔，高层主管作为站在塔尖上的人，要把组织和下级当成坚实的平台，当成自己的依靠，而不是扛着组织、系统和下级开展工作。"

他说："认可自己不是完美的，是需要团队帮助的，并对自己的优势和劣势有清晰的认知，这样才能在发挥自己优势的同时，通过团队来弥补自己的劣势，让自己走得更长远、更轻松。"

他说："有员工反映我们的干部官僚主义，我们每个人都要反思，自己是不是离一线越来越远。你们也要监督我，一旦发现有这个苗头，随时提醒我。"

…………

多年之前，张洪瑞就清晰地认识到："选人比用人重要。改变一个人很难。人力资源部门的首要任务是选人，不是改变人。作为企业，如果'有教无类，诲人不倦'就是干傻事、不计成本。我们'只渡有缘人'。"

2000年以后，信誉楼确立了录用标准——以文化亲和力定取舍。什么是文化亲和力？张洪瑞的解释是："忠于企业理念，自觉自己的言行，说白了就是做企业的'虔诚信徒'。"

或者用信誉楼《理念集锦》中收录的董事长言谈录来阐释："不是一家人，不进一家门；进了这个门，就得信这个'教'。不信，你进来干什么！"

张建港本身就是信誉楼企业文化的亲历者、受益者、推动者，而今，他正与 4 万名信誉楼的"虔诚信徒"，在新的历史条件下，继续带领信誉楼以整体企业文化参与市场竞争。

张洪瑞思想深处那道光芒，会照亮张建港和信誉楼前行的道路。

美美与共

美国企业研究者拉金德拉·西索迪亚、贾格迪什·谢斯、戴维·沃尔夫在研究了一系列通过使命与激情创造了卓越绩效的企业之后，写成了《美好企业》一书。

他们总结并倡导，美好企业（或称"人本主义企业"）寻求的是对整个社会的价值最大化，而不仅仅是对其股东。"它们是终极价值创造者，创造了情感、精神、社会、文化、智力、生态价值，当然还有经济价值。"

上海社会科学院经济伦理研究中心研究员陆晓禾，2014 年带领一个七人团队对信誉楼进行了一年左右的实地调研之后，在论文《信誉楼：从中国泥土中升起的世界商业标杆——专家、学者眼中的信誉楼》中，从七个方面，包括使生产的目的回归人本身，用实质人权推进流通领域的"天赋人权"；重新定义和改写商业贸易关系；用流通领域的正能量促进生产领域的诚信生产；改变商业企业的资本属性；提供不同于"牛仔资本主义"对竞争的理解；改变企业与政府的利益博弈关系；社会主义核心价值观的优秀倡导者和践行者，论证并分析了信誉楼如何令人信服地证明，一个企业确实能够在市场经济的条件下，依靠坚守和践履被认为稀缺的诚信，并以诚信为引领切实解决好与所有利益相关者的关系，进而发展壮大起来。

切实为利益相关者着想，在中国文化中有着悠久历史。

湖南师范大学教授唐凯麟与陈科华合著的《中国古代经济伦理思想史》

中，揭示了中国古代经济伦理思想史具有在德性主义与功利主义的双重变奏中不断演绎和深化的特征。

两位研究者认为，儒家"见利思义"的价值取向，墨子"兼爱""交利"的思想，法家的法治功利主义等，都努力试图调和个人利益和他人利益之间的矛盾与冲突。

其中，两位研究者最推崇墨子的思想："墨子的'兼爱''交利'思想既是功利主义的，同时又是利他主义的，或者说是一种伦理性的利己主义。墨子的这种利己主义也可以表述为：主观为自己，客观为他人。"

为什么中国古代经济伦理思想中有如此明显的利他主义倾向？两位研究者给出的解释是："在市场交易活动中，'交易'并不是一种纯粹的价值交换，同时也是一种社会交换，这其中不仅包括对交易规则的充分信赖，也包括了对交易双方的互利性的理解与认同，还包括了诸如文化、宗教和道德（甚至性格）等因素之间的相互沟通。"

中国文化中的这些利他因子，不可能不对张洪瑞和信誉楼产生影响。当信誉楼切实为利益相关者着想时，利益相关者又是怎么做的呢？

星巴克创始人霍华德·舒尔茨在《将心注入》和《一路向前》中写道："商界至今还有许多人没有领悟到，劳方和资方绝非在进行零和游戏的道理。仁慈地对待员工，并非就意味着成本增加和利润减少，而是一种强有力的兴奋剂，它使企业达到凭领导者个人能力远远不可能达到的高度……雇员有自信、有尊严时，就会贡献出更多：为公司，为家庭，为世界。"

我们接触的信誉楼员工，确实如同舒尔茨描述的那样，愿意"为公司、为家庭、为世界"贡献更多，因为他们有自信、有尊严。

我们现场走访接触的顾客，以及所能看到的相关数据，都从具体和抽象等不同维度，验证了消费者一直在对信誉楼用脚投票。

我们采访的供应商，愿意与信誉楼同甘共苦，不断做出新的变化，迎接新的挑战。

当地政府职能部门从心底认可信誉楼，因为信誉楼愿意主动分担责任，以亲为前提、以清为保障，亲则两悦、清则相安，改变了企业与政府的利益博弈关系。

商界同仁、周边住户，以及包括专家学者在内的各界朋友，都对信誉楼给予了高度评价。蒋定坤总结说，信誉楼人是在用"信誉"赚大钱，"不断将企业自身与社会的'信誉资源'（人类的本性和需要）进行有效的整合，转化为企业的'信誉资产'（组织、团队的集体心态和行为习惯）；再将极其宝贵的'信誉资产'持续有效地转化为企业的'信誉资本'（通过集体的经营服务体现出'信誉资本'的增值性）"。

信誉楼在新员工入职培训时，课程的间隙只播放两首歌曲，其中一首就是《春天的故事》。张洪瑞非常喜欢这首歌，因为表达出了他的心声——"没有改革开放，我充其量就是一个生产队队长。国家给我这么好的一个机会，让我干成一个企业，这是多大的恩典啊！"

也因此，信誉楼把"具有高度的责任感，以向社会负责为己任"作为企业精神，崇尚"天下兴亡，我的责任"，并且通过"对自己负责，对家庭负责，对企业负责，对社会负责"将企业精神落实到位。

某种程度上，作为商业组织的信誉楼，对于商品经济和市场经济的理解，从指导思想到实践经验等多方面，远远摆脱了传统企业管理理论的桎梏，进阶为"公民企业"，或"中国式美好企业"。

在个人层面，爱国、敬业、诚信、友善，信誉楼把商业服务和以人为本做到了极致；在社会层面，不仅在流通领域是自由、平等、公正、法治的践行者，而且还把它们推进到生产企业中；从企业公民的角度，为国家层面的富强、民主、文明、和谐做出贡献。

"信誉楼的贡献不仅对企业，而且对各行各业都有重要的启迪意义。"陆晓禾在位于淮海中路的上海社会科学院接受我们采访时表示，市场交换原则、竞争、物化、异化、唯利是图、拜金主义在一定程度上支配着人们的行为方式，并且渗透到了非市场领域，在这样的条件下进行道德建设，显然面临着巨大的挑战，这也并非仅靠显性的道德宣传教育就能够应对的问题，因为这些挑战来自现实的经济根源。"但信誉楼通过将生产目的回归人本身，用善良人的友谊关系来形成新的商业关系，用流通领域的正能量来促进生产领域的诚信生产，用人力资本股权化来改变商业企业的资本属性，赋予商业、竞争、企业、生产关系和市场经济以新的理解，倡导和践行了社会主义核心价值观。"

《美好企业》一书中，有一个对美好企业三阶段的描述：第一阶段，人的尊严、自由、互助、创造力等美好的社区精神在一个企业中被激发出来；第二阶段，打破"股东利益最大化"的迷思，从"股东利益最大化"转向"与利益相关者共生"；第三阶段，改善世界，社会共好。

以这样的标准衡量，信誉楼的理念与实践，不但早已符合，甚至已经在领跑"美好企业"。

社会学家费孝通在总结不同文化的相处之道时，提出过这样的原则："各美其美，美人之美，美美与共，天下大同。"

从中国乡土社会一路走来，在中国大地扎根生长的信誉楼，用农耕文明的心态"耕耘"商品经济、市场经济，洞悉竞争、交易、生产关系的本质，在人与人的心灵碰撞中，回归商业之道。

　　张洪瑞是这样做的，张建港也在这样做。

　　中国式美好企业，是信誉楼为世界性的市场经济难题，提供的平凡而优秀的中国样本：从真出发，商业向善，大美不言。

　　和合共生，是中国文化贡献给世界的伟大礼物。美美与共，是中国式美好企业对人类商业文明的创新贡献。

后　记

（一）

2022 年 9 月第一次到沧州出差的时候，我在入住的酒店意外地发现了羊肠汤。

抱着试试看的心态，我盛了一碗，从此一发而不可收——在胡椒粉和香菜的激发下，一碗滚烫的羊肠汤入口，就着刚刚出锅的烧饼，怎一个爽字了得。

我虽然爱吃羊肉，并且也确实吃过不少地方的羊肉，但从来没有喝过羊肠汤。后来查了资料，才发现羊肠汤是沧州当地的特产。

沧州地处华北平原东部，辖区内有一个孟村回族自治县。回族是这里的一个主要民族，那么，产生以牛羊肉为主的小吃也就不足为奇了。

当然，关于羊肠汤的具体起源，还有不同的说法。但鉴于真实性已经无法考证，加上此类故事大多演绎的成分大于事实的成分，所以此处不再赘述。

无论如何，一口鲜美的羊肠汤流传至今，都是喜好美食的今人之幸运。据当地人介绍，羊肠汤还有醒酒的功效，那更算得上造福爱酒之人了。

羊肠汤的味道如此独特，以至于过一阵子喝不到羊肠汤，就会分外想念。而在我目前去过的地方，也仅有沧州可以喝到羊肠汤。

那就有了一个顺理成章的结论：要喝羊肠汤，就必须到沧州；如果不到沧州，那就喝不到羊肠汤。

生活在城市的人，几乎以为没有在淘宝、京东或拼多多上买不到的东西，但事实上，这样的东西不但存在，而且可能还不少，并且很有特色。

记得有一次跟精品速溶咖啡三顿半创始人吴骏闲聊，我问他为什么要不遗余力到处寻找不同的咖啡豆，他回答我说："风味的背后是风土。"

羊肠汤也是如此。如果离开了这方水土，羊肠汤甚至都不会存在，或者最多徒具其形而难得其神。在地性，由此成为一种独特的不可替代性。

以信誉楼为代表的线下零售，何尝不是一种在地性的存在？

（二）

每年农历正月十六，沧州有"遛百病"的民俗。

人们穿上节日盛装，成群结队走出家门，走桥渡危，通过游览散步消除百病，直至午夜。

信誉楼沧州朝阳店 2022 年 11 月 15 日开业的时候，印制了一批带有"朝阳初升，誉满狮城"字样的口罩。沧州之所以又被称为狮城，是因为位于河北省沧州市沧县旧州镇的铁狮子。

铁狮子铸于后周广顺三年（公元 953 年），采用泥范明浇法铸造，在世界冶金史上具有里程碑意义，是第一批国家级重点文物，因其制造工艺精湛、气势恢宏，又被称为"狮子王""镇海吼"。铁狮子距今已经超过 1000 年，但它雄姿英发，仿佛穿透历史的尘埃，活灵活现地朝我们迎面而来。

在沧州最热闹的解放路旁，有 1700 多年历史的清风楼[⊖]，点亮了所有灯光，成为一座流光溢彩的宝塔。

㊀　现在的清风楼是 1992 年建造的仿古建筑。

与清风楼咫尺之遥的京杭大运河，始凿于公元前486年，距今已有2500多年的历史，是世界上里程最长、工程最大的古代运河，也是最古老的运河之一。

2500多年的静水深流，见证过唐诗宋词、明月清风。

走在摩肩接踵的人群中，1000多年的铁狮子、1700多年的清风楼、2500多年的大运河相伴左右。我一时恍惚，不知道自己身处的是历史还是未来。

在这样一片动辄以1000年、1700年为时间刻度的土地上，或许会有不可避免的急功近利，但很难找到它们长久的容身之地。

身着盛装的人，千百年来，遛的不是百病，而是对美好生活的渴望。

不管历史还是未来，要满足人们的美好生活需求，值得信誉楼以及千千万万像信誉楼一样的企业，用长期主义的精神去践行、去探索。

（三）

2023年一个春日傍晚，在黄骅完成了一天的采访工作之后，我一个人来到信誉楼，想买点儿吃的。

在一楼超市旁边的小吃区域，我被凉皮的味道吸引了过去。装在餐盒里的凉皮，上面放着香菜、花生碎等，散发出新鲜的香味。醋和酱汁等流体调料装在单独的塑料袋里，摆放在旁边。

我禁不住咽了一下口水。问清楚价格，正要扫码付款，柜台后面戴着口罩的大姐说："您好，咱们的凉皮，两分钟后就会打折，您要几份，我帮您留好，您先去选购其他商品，或者稍微等一下，打折之后更实惠。"

我看了一下手机，显示的时间是17时58分。

后来我才知道，小吃区的新鲜食品，每天18时就会开始打折。但在当时，我并不知情，也没有任何信誉楼同事的陪同而让我显得与众不同。但正是这种普通平常，才更能证明，信誉楼人已经把诚信的三个层次融入自己的言行举止。

张洪瑞说，诚信有三个层次：第一个层次，说到做到，兑现承诺；第二个层次，在信息不对称的情况下做到不欺不骗；第三个层次，不但做到前两条，并且一开始就能够切实为他人着想。

凉皮本身并不贵，打折带来的实惠，也只是一两块钱。但这一两块钱换来的，却是千金不换的来自消费者的信任。

我跟那位大姐是第一次遇到，以后再遇到的概率也小之又小，但她让我感受到的，不是程式化的热情以及因此产生的隔阂，而是如兄弟姐妹、左邻右舍一般的自然与温暖。

大姐的那几句话，让那个春风沉醉的傍晚更加美好。

一个普普通通的消费者，在信誉楼一次普普通通的购物经历，也许无足轻重，但几百万几千万普普通通的消费者，一次又一次普普通通的购物经历，却足以共同铸就信誉楼的口碑。

反过来，在日复一日频繁的重复博弈中，任何一个哪怕只是微小的不管商品还是服务的瑕疵，都是对信誉楼口碑的莫大损害。这是必须时刻警醒的。

在这个意义上，堪称零售百货品牌标杆的信誉楼，在生长进化的道路上，永无止境。

（四）

2023年2月底，我们去了一次山东淄博，考察信誉楼桓台店的超市，看它到底为什么会受到顾客青睐。

从商品选择搭配，到堆头摆放设计；从卫生清洁整理，到服务品质把控；从动线设计制作，到会员关系维护……桓台店总经理田炳礼边走边转边说，我则边看边听边买，在信誉楼超市兜了一圈下来，我买了四五百元的食品饮料，把最大尺寸（33寸）的行李箱塞满，一路运回了上海。

我们离开桓台没几天，淄博烧烤就火出了圈。明明每个城市都有烧烤，为何只有淄博烧烤如此火爆？直到看过淄博的操作，才发现它的出圈并非偶然。

早在3月初，淄博就已经开始为自己造势，在火车站安排烧烤专列。淄博烧烤火了之后，当地政府更是迅速做出反应，为了迎接五一的大批客流，不到20天的时间里，就在高速公路附近打造了一座占地100多亩的烧烤城。

如果说不遗余力的宣传只是淄博烧烤爆火的第一步，那么真诚才是淄博烧烤的真正必杀技。

以往有些热门城市，在走红之后出现物价飙升、宰客等现象，可淄博呢？市民会把桌子让给外地人，本地司机见到外地车都会让着点儿，停车场里的外地车经常会收到当地人放上的小礼物……

一位央视主播在《主播说联播》中，解读了淄博烧烤爆红的密码之后总结说："每一个一夜成名，其实都是厚积薄发。"

这句评价淄博烧烤的话，同样适用于信誉楼。

从性质上来说，桓台信誉楼超市所做的，与信誉楼其他超市、其他门店并无不同，都在切实为他人着想的同时，把主要精力放在做企业而不是赚钱上。

但从程度上来说，桓台信誉楼超市做得更宽、更深、更细致、更扎实。中国超市品牌多如牛毛，桓台信誉楼超市能够在要求极为严苛的评选中脱颖而出，绝非一时一日之功。

一夜成名固然不容易，但更困难的，是一夜成名之后，历经繁荣，依然坚守初心。

2023 年七八月份，淄博烧烤热度渐退，一些曾经座无虚席的淄博烧烤店，即便在用餐时段，也只能看到零星食客。与此同时，不少店铺贴出了转租信息。

潮水退去之后，淄博是否真诚依旧？这是一个只有时间才能回答的问题。

同样的问题，也抛给了桓台信誉楼超市：在顾客的口碑中，能否历久弥新？

（五）

2018 年 6 月 16 日，信誉楼天津北辰店开业。这是信誉楼在天津地区开的第一家门店。

开业的前一天，6 月 15 日晚上 9 点多，商厦里灯火通明，同事们都在为第二天的开业紧张而有序地忙碌着。

刘子祺担心有什么疏漏之处，她走出商厦，打算在外圈再走一遍，看看有没有不平坦的地方。

刚走了三分之一左右，有个老太太看她穿着工作服、戴着执勤牌，问："闺女，你这里什么时候关门啊？"

刘子祺一愣，这还没开业呢，怎么就关门了？她赶紧跟老太太解释："大姨，咱们商厦明天开业，现在正准备着呢，欢迎您来转转啊！"

没想到，老太太接了这么一句话："嗨，有什么用啊！都是说着好听，这里关了开、开了关，都数不清楚换了几家了。"

刘子祺明白了她的意思："大姨，这个楼，是咱们花两个多亿买的，咱们来了就不走了。"

这次轮到老太太一愣，但她随即也明白了刘子祺的意思："嗨，你说好好一个店，来了走、走了来，我们看着多难受呀！这下好了，不走了，不走可真好！"

2023 年 3 月，在北辰店开业五周年前夕，我们前来走访。时任天津区域总经理的刘子祺，跟我们讲起这个故事的时候，禁不住慨叹："老百姓的要求，其实很简单，只要有一个买东西的地方就可以。你说这要求多低呀！说实话，咱们做不好，也对不起这一方百姓啊。"

事实上，在信誉楼天津北辰店之前，这里已经倒闭了六家大型百货公司。倒闭的原因各不相同，但总体来说，商业密度较高，竞争极为激烈，以及经营较好的商厦都面积较大等因素，决定了这个营业面积只有 1.4 万平方米的商厦，只能走小而精的社区店路线。

我到北辰店走访的那天，正好有个朋友在天津，我们约在了一家靠近海河的大型商超里。我到的时候大约晚上 8 点半，本想去商超里书店的咖啡馆，结果被告知已经不再营业。穿过大楼的 A 座，才在 B 座找到一家正在营业的咖啡店。整个过程，我们在商超遇到的客人不超过 20 个。

这次完全随机的观察，让我不由自主地和信誉楼天津北辰店拥挤的停车场做起了对比。信誉楼的商厦前面共有 700 多个停车位，信誉楼来之前，平时三分之二的停车位都是空着的。现在，信誉楼在此耕耘五年之后，700 多个停车位已然不够使用，当地政府领导有几次过来调研，硬是找不到停车位。

正如当地政府领导鼓励信誉楼的那样："你们别骄傲啊，咱们不能说成功，至少没有失败，这已经很了不起了！"

刘子祺还告诉我们，当地政府领导已经问过她几次："信誉楼有继续在北辰开店的打算吗？有的话一定第一时间告诉我们。"

（六）

2023 年暑假，我随董湘岩教授来到他帮扶了 20 多年的贫困村，河北省保定市涞源县桑树堰村。

桑树堰是太行山间大茂山山阴的一个贫困村，土豆、玉米是村民常年的食物。村子背靠的大茂山连绵不绝、层峦叠嶂，主峰最高海拔近 1900 米，极为陡峭、险峻。我们用了 10 多个小时，才完成阳面登顶、阴面下山的整个过程。

早在 2003 年底，张洪瑞就应董湘岩之邀，想方设法助他一臂之力：每年给村里一些钱，春节前后多次跟教授到村里慰问；号召企业员工捐赠衣物，组织员工到那儿旅游，给村民增加收入……

信誉楼的老员工，大多都去过桑树堰村。2008 年生病之前，张洪瑞也多次到桑树堰村慰问。

董湘岩住在一个五保户家里，一位 70 多岁的老汉，一辈子单身，屋子里乱七八糟，热水瓶、水桶、脸盆、塑料袋、粮食……摊了一地，没处插脚。

张洪瑞比董湘岩还能将就，到村民家里，稍微一铺，就这么睡。屋里没有取暖设施，当时也没有电褥子，呵气成霜。被子裹到脖子，冻着脑袋，就这样，张洪瑞睡得还挺香。

张洪瑞的帮扶方式，不是简单粗暴的直接撒钱，而是本着利人利己、实现双赢的原则，既让员工受益了，又给村民增加了收入：在草木葱茏、山花烂漫的大山里，员工玩得酣畅淋漓；在桑树堰村民家里吃土豆、喝大糁子粥、睡大炕，体验山里人的生活，感受他们的真诚、质朴，让员工更加懂得感恩；晚上员工和村民一起点燃篝火，唱歌跳舞，无比欢乐……

20 年过去了，信誉楼依然在努力帮助桑树堰的乡亲们。

信誉楼正在探索既"授人以鱼"又"授人以渔"的方式，践行城市与农村共同富裕。

1992 年，政府倡导一部分地区有条件先发展起来，一部分地区发展慢点，先发展起来的地区带动后发展的地区，最终达到共同富裕。

2021 年 2 月 25 日举行的全国脱贫攻坚总结表彰大会上宣布，我国脱贫攻坚战取得了全面胜利，完成了消除绝对贫困的艰巨任务。

丰衣足食、安居生活是中华民族千百年来的夙愿。在桑树堰村，我看到了信誉楼和董教授，正努力让这个梦想离现实近点儿、更近点儿。

（七）

与信誉楼接触的这一年多时间里，新冠疫情一直是一个无法回避的话题。

我们最初接触的时候，上海正处于疫情高峰期，多次交流都是通过腾讯会议进行的，以至于首次线下碰面的时候，我们都开玩笑说，这是"网友见面"。

2022 年 11 月，我们安排了一次为期四天的采访，分别在沧州市和黄骅市。结果，刚进行了一天，第二天上午，正在开会的时候接到通知，黄骅从那天傍晚开始要居家办公。

我们立刻回到酒店收拾行李，预订了最近一趟从沧州西站返回上海的高铁，并烦请信誉楼的同事把我们送到沧州西站。

等到 2023 年 3 月再次来到沧州、来到黄骅的时候，春暖花开、万物复苏。人们脸上都洋溢着笑容。

意大利历史哲学家克罗齐曾提出一个著名命题：一切历史都是当代史。

如果颠倒一下，这一命题还成立吗？未必一切当代史都会被历史所记住，但一定会有一些当代史，成为历史。

在这一注定被写入历史的当代史中，幸运的是，我们与信誉楼同行过。

17 世纪的英国诗人约翰·邓恩写道："没有人是一座孤岛。"

我们彼此都是利益相关者。

参 考 文 献

[1] 高怀波.信誉楼：三十年耕耘 [M].北京：经济管理出版社，2014.

[2] 施展.枢纽：3000 年的中国 [M].桂林：广西师范大学出版社，2018.

[3] 费孝通.乡土中国 [M].青岛：青岛出版社，2019.

[4] 柯林斯，波勒斯.基业长青：企业永续经营的准则 [M].真如，译.北京：中信出版集团股份有限公司，2019.

[5] 陈来.孔夫子与现代世界 [M].北京：北京大学出版社，2011.

[6] 韩博天.红天鹅：中国独特的治理和制度创新 [M].石磊，译.北京：中信出版集团股份有限公司，2018.

[7] 赵汀阳.惠此中国：作为一个神性概念的中国 [M].北京：中信出版集团股份有限公司，2016.

[8] 邓德隆.新定位时代 [M].上海：上海三联书店，2022.

[9] 泰德罗.影响美国历史的商业七巨头 [M].梅丽霞，笪鸿安，吕莉，译.北京：中国人民大学出版社，2022.

[10] 西索迪亚，谢斯，沃尔夫.美好企业：通过使命与激情创造卓越绩效 [M].彭剑，译.北京：机械工业出版社，2020.

[11] 李泽厚.实用理性与乐感文化 [M].北京：三联书店，2005.

[12] 戚德志.未尽之美：华住十五年 [M].北京：中信出版集团股份有限公司，2021.

[13]　秦朔，戚德志.从连接到激活：数字化与中国产业新循环 [M].北京：中信
出版集团股份有限公司，2022.

[14]　陆晓禾.企业和经济发展中的伦理、创新与福祉 [M].上海：上海社会科学
院出版社，2021.

[15]　陆晓禾.道德与创新 [M].上海：上海社会科学院出版社，2020.

[16]　陆晓禾.企业责任：中国中小企业标准探寻 [M].上海：上海社会科学院出
版社，2012.

[17]　唐凯麟，陈科华.中国古代经济伦理思想史 [M].北京：人民出版社，2004.

[18]　卡耐基.人性的弱点 [M].丁向梅，译.北京：中国华侨出版社，2017.

[19]　袁了凡.了凡四训 [M].费勇，译.西安：三秦出版社，2017.

[20]　查普曼，西索迪亚.共情：觉醒商业的管理 [M].金沙浪，译.北京：中国
广播影视出版社，2022.

企业内部资料

[１]　《理念集锦》，2022.

[２]　《读书摘抄》，2016.

[３]　《追求成功人生》，2021.

[４]　《小故事选编》，2021.

[５]　王国选.《信誉楼服务发展史》，2022.

[６]　《信誉楼：从中国泥土中升起的世界商业标杆——专家、学者眼中的信誉
楼》，2017.

[７]　胡中俊.《和老董事长座谈系列合集》，2018-2020.

[８]　《十五年耕耘》，1999.

[９]　《二十年耕耘》，2004.